U0742684

支持与改变

蒙昭平／主编

——广西乡镇（街道）社工站服务案例集

中国社会出版社

国家一级出版社·全国百佳图书出版单位

图书在版编目 (CIP) 数据

支持与改变：广西乡镇（街道）社工站服务案例集 /
蒙昭平主编 . -- 北京：中国社会出版社，2023.12
ISBN 978-7-5087-6959-2

Ⅰ . ①支… Ⅱ . ①蒙… Ⅲ . ①社会工作－工作站－案
例－广西 Ⅳ . ① D669

中国国家版本馆 CIP 数据核字（2023）第 221272 号

出 版 人：程 伟		终 审 人：魏光洁	
责任编辑：马潇潇		策划编辑：马潇潇	
责任校对：刘海飞		封面设计：时 捷	

出版发行　中国社会出版社　　　　　地　　址：北京市西城区二龙路甲 33 号
邮政编码　100032　　　　　　　　编 辑 部：(010) 58124839
网　　址：shcbs.mca.gov.cn　　　　发 行 部：(010) 58124845；58124848
经　　销：新华书店

印刷装订：河北鑫兆源印刷有限公司　　开　　本：170 mm×240 mm　1/16
印　　张：12　　　　　　　　　　　字　　数：150 千字
版　　次：2023 年 12 月第 1 版　　　印　　次：2023 年 12 月第 1 次印刷
定　　价：58.00 元

中国社会出版社天猫旗舰店　　　　中社文库微信公众号　　　　社工图书专营店

编 委 会

序 言

推进社会工作融入基层社会治理，既需要理论创新，也需要实践创新。在中共中央政治局2015年1月23日下午就辩证唯物主义基本原理和方法论进行第二十次集体学习中，习近平总书记指出："要根据时代变化和实践发展，不断深化认识，不断总结经验，不断实现理论创新和实践创新的良性互动。"近年来，广西探索建立"五社三站"融合发展机制，推进社会工作融入基层社会治理，走出一条具有广西特色的社会工作发展之路。

2020年初，广西开始推进乡镇（街道）社会工作服务站建设，成为全国较早开展乡镇（街道）社会工作服务站建设的省份之一。2021年5月，广西实施乡镇（街道）社会工作服务站和社会工作人才队伍建设三年行动计划，在推进乡镇（街道）社会工作服务站建设的同时，同步推进社区志愿服务站、社区慈善服务站建设，创新社区与社会组织、社工、社区志愿者、社会慈善资源联动机制，建立"五社三站"融合发展机制，发挥社会工作的专业优势、志愿服务的队伍优势和社会慈善的资源优势，实现资源整合，推动志愿服务、社会工作、慈善事业融合发展，提升基层公共服务和社会治理效能。到2023年9月，广西已基本实现乡镇（街道）社会工作服务站建设全覆盖的目标。

基层社会治理平台是推进基层治理创新的重要载体。广西把乡镇（街道）社会工作服务站、社区志愿服务站、社区慈善服务站作为基层社会治理的基础性、综合性和工具型平台来建设，从而畅通和规范社工、志愿者、慈善力量参与基层治理的途径。同时，广西以增强基层治理能力为目标，注重发挥社工、志愿者和慈善力量各自优势，在"联"字上下功夫，实现多元主体协同共治、优势互补；在"融"字上下功夫，建立工作机制，提升整体治理效能，形成共建共治共享的基层社会治理格局。

实践证明，广西不断完善"五社三站"融合发展机制，推进社会工作融入"一老一小""一困一残"、社区治理等基层服务，带动了基层服务能力的提升。广西有100多家社会工作服务机构、2500多名专业社工在城乡基层提供专业服务，充实了基层服务力量；培育了2.8万名志愿者骨干，带动了150多万名志愿者在城乡社区开展常态化志愿服务；链接社会慈善资源超8000万元，为基层社会治理注入新活力。基层社工以乡镇（街道）社会工作服务站为依托，发挥村（社区）社会工作服务点、志愿服务站和慈善服务站的功能作用，培育志愿服务团队，链接社会慈善资源，开展农村互助关爱服务，促进社会工作服务与乡村民生保障服务有效融合，满足基层群众特别是困难群体的服务需求，涌现出了许许多多社会工作服务的感人事例，为社会工作参与基层公共服务和社会治理提供了鲜活样板。

习近平总书记在参加十二届全国人大二次会议上海代表团审议时强调："加强和创新社会治理，关键在体制创新，核心是人，只有人与人和谐相处，社会才会安定有序。"社会工作作为当前参与社会治理的一支重要力量，在协调主体关系、融合治理资源、促进公众参与等方面具有相对优势，并在实践中发挥出明显作用，推动社会治理格局朝着共建共治共享的方向有序迈进。我们相信，广西以乡镇（街道）社会工作服务站为基础的社会工作服务体系基本建立，有效把民生服务对象需求与民生保障政策精准对接，实现资金物资帮扶与心理支持、能力建设、社会支持等有效衔接，助力完善多层次综合救助和关爱支持体系；有效推动社会组织、慈善力量、志愿者、城乡居民等多元主体参与基层社会治理和乡村振兴，助力建设人人有责、人人尽责、人人享有的社会治理共同体。

广西壮族自治区民政厅慈善事业促进和社会工作处处长

蒙昭平

目 录

第一章　社会救助案例

第二章　老年人关怀案例

第三章　未成年人保护案例

第一章

社会救助案例

从无家可归到找到温暖的港湾，从对生活丧失信心到重燃希望之光，从自怨自艾到打开心灵的窗户，这些社会救助事例都体现出了广西乡镇（街道）社工站以"五社三站"为平台依托，聚焦全区覆盖、全员参与，提升社会救助服务质量，推动救助工作联动创新、提质增效的高质量服务，构建了一个分工负责、相互衔接、协调实施，且政府救助和社会力量参与相结合的具有中国特色的社会救助制度体系。

"流浪"到最眷恋的地方

——癌症晚期流浪人员临终关怀服务

查无此人

社工与救助站工作人员发现黄某时，他留着脏乱的长发、衣衫褴褛地躺卧在地上难以动弹，腹部肿胀，表情痛苦，现场还因其大小便失禁而散发出一股强烈的异味。社工本着保护生命原则，立马拨打120将黄某送至 W 市红十字会医院实施医疗救治。

黄某身份不详，未在公安系统中查询到任何身份信息。黄某称自己无户口、无身份证、无亲属，也无固定住所，长期在外"打游击"流浪。平时主要靠拾荒维生，经常在垃圾桶里捡东西吃来维持温饱。黄某自述其15岁便开始出来跑船，日常活动范围是西江一带，进行该项工作有十年之久，此后则以捕鱼为生。社工发现黄某时，他的随身行李均是一些拾荒拾来的废品，里面夹杂着一张5元人民币。黄某表示，自己曾想去办理身份证，但听别人说需要花费400元，自己负担不起，就一直没去办理。

针对黄某无身份、需医疗救治等问题，社工积极协助公安部门核查黄某的身份信息，社工为黄某拍摄正面照，以及根据黄某所提供的零碎信息，整理反馈至市救助管理站，并交由当地公安部门进行核查，以期能够查询到黄某的身份信息。但在使用了对比DNA信息库以及人脸识别等方式后，均未能查询到任何与黄某相关联的身份信息。黄某的身份信息甄别陷入了困境。

黄某因缺乏身份证明，难以从医疗保障、大病救助等渠道获得支持，社工一方面对接W市城区流浪乞讨病人救治的定点医院，按照"先救治，后结算"的原则，协调医护人员为黄某提供医疗救治，让黄某的生命安全受到保障。另一方面协助W市救助管理站发布寻亲信息，收集黄某的基本信息，分别在《W市日报》、今日头条等渠道刊登黄某的寻亲启事。但直至社工服务结束，仍未确认黄某身份及寻到其亲人。

癌症确诊

黄某腹部肿胀，下肢发黑，在送医院接受救治后，社工从黄某的主治医生处了解到，黄某腹部积水甚多，目前正在对腹部积水进行引流，待市救助管理站签字后将会对黄某进行腹腔穿刺引流手术，作进一步的病情核查。

在黄某被送医救治后的第20天，主治医生打算与市救助管理站、社工商议对黄某下一步的治疗方案。社工从黄某的主治医生处了解到，黄某现已被证实是结肠癌晚期，癌细胞已经出现全身扩散的迹象，随时都会有生命危险。医生建议的治疗方案是输入葡萄糖等相关药液，去维持黄某的营养以及缓解黄某的疼痛。社工得悉黄某的病况后，在尊重黄某知情权的原则下，与医生一起对黄某进行了病情告知，黄某在得悉情况后表现冷漠。黄某在医生提出医疗方案时轻"嗯"了一声，就闭上眼休息了。

黄某就医期间，社工以每周两次的频率到医院对黄某进行探访，与黄某多次接触，尝试与黄某展开沟通交流，以期建立专业关系。初期，黄某一直回避社工的话题，不愿透露除名字以及来自哪里之外的其他信息。尽管黄某因身体不适而面露痛苦，但是仍一直在强调，自己是W市Y小区的人。社工秉持接纳和尊重等社会工作价值观，以倾听、同理等技巧，逐渐打破黄某与社工之间的隔阂，黄某开始愿意与社工分享自己过往的一些流浪经历，其间，黄某说话显得较为吃力，但社工耐心倾听黄某的每字每句，渐渐从黄某的口中了解到更多关于他的事情。同时，社工协助黄某适应医院环境，缓解其消极、焦虑的情绪，鼓励黄某积极对抗疾病。

临终关怀

在前期搜集黄某基本信息时，社工得悉黄某自小在西江边成长，对沿途的风景有很深的眷恋，社工便在开展日常街面巡查的工作时，拍摄其成长及活动周边的风景，以打印相片和播放视频的形式，在探望黄某的时候供黄某欣赏，让黄某可以"重游旧地"。社工运用老年社会工作中的怀旧、生命回顾方法协助黄某回顾自己生命中比较独特的经历，让黄某在回顾中体会到生命意义及自己存在的价值。黄某每次见到社工所拍摄的图片和视频，都会呆望很久，黄某能够一眼认出照片上的地点，还和社工分享自己与这些地方之间的故事，甚至还会抢在社工说话前去讲述一些关于W市的历史，社工均一一耐心倾听。尽管身体的疼痛让黄某说话显得十分吃力，但就黄某而言，在西江边成长的他，深刻地记得W市的"红星""飞跃"大火船和它们分别是开去哪个方向的，并缓缓与社工诉说。但当社工谈及当时与黄某在一起的朋友或亲属时，黄某又会陷入沉思，不愿提起。

社工在与黄某聊天时，适时地谈论与死亡相关的话题，以降低黄某对死亡的恐惧。社工在以风景照为媒介与黄某展开对话时，他提出了希望社工能够帮其拍摄一张自己的照片并打印出来。此时黄某已经意识到自己时日无多，希望能够留下一张遗照。在护工的协助下，社工帮黄某整理好衣服，为黄某拍摄了一张正面照。当社工将黄某的照片洗晒出来后，黄某凝视了很久照片上的自己，似乎因很久没正视过自己的模样而感到陌生，良久后才开口对社工表示感谢。

黄某昏迷期间，社工与护工交谈得悉，黄某在清醒的时候曾提及自己其实已经很满足于政府对自己的关怀，让自己最后不至于死于街头，也很感谢社工经常过来探望自己，能够与自己谈天，倾听自己的一些往事，让自己知道自己并非一个人。

黄某死亡前一周，精神状况直线下降，社工从医生处获悉医生打算对黄某做心脏静脉导管，直接将点滴输送至心脏，但黄某出现了严重呕吐现象，因此正处于禁食状态。黄某死亡前两三天，出现缺氧情况，被送至抢救室24小时供氧，大部分时间处于昏迷状态，偶尔清醒的情况下，已经认不出社工了。社工在黄某病床边播放西江风景的视频，黄某睁开虚弱的眼睛看着视频，医疗仪器显示黄某在观看视频的时候，心跳加快了一些。黄某送医救治后的第30天，社工收到了黄某去世的消息。隔天，W市救助管理站到派出所备案，黄某的遗体在保留三个月仍无人认领的情况下将进行火化。

督导点评

灵性照顾，也被称为灵性关怀、灵性照护、精神关怀等。国外学者围绕"灵性照顾"的定义进行了一些探讨。彼得森认为，灵性照顾是指护士通过对患者所表达的灵性需求进行有目的的监测和富有同情心的回应，帮助个体找寻意义、关联和平静。在生命的最后阶段，临终病人内心充满恐惧与不安，除了疾病本身给身体带来的苦痛外，心理上会给病人带来更巨大的不适和痛苦。灵性照顾的主要内容与方法有：生命回顾，处理未了事务，完成最后心愿，陪伴与分担，共同面对，重新构建人际关系，获得支持力量，最终达到缓解患者恐惧、焦虑的心理，帮助患者安然接受死亡，预防不合理性自杀，使服务对象亲属得到安慰等。本案例中，在临终阶段，病人由于疾病所带来的折磨、对生的渴求和对死的恐惧等，会产生一系列强烈而复杂的心理变化。社工在临终关怀中作为服务提供者，一是陪伴病人欣赏照片，通过分享照片故事让病人回顾自己的生命故事，让病人找到自己生命中较为独特的经历，体会到自己生命的价值；二是帮助病人整理衣服，拍摄照片，完成病人的最后心愿；三是陪同病人走过所有悲伤阶段的行为，谈论其希望和害怕的事情，让病人从内心深处感受到社工在与他共同面对死亡的事实，在一定程度上降低病人对死亡的恐惧，使其从这种复杂的心理状态中解脱出来，获得身体和心灵上的舒适感，使病人安宁舒适地走完人生的最后光阴。

相关政策法规（节选）

我国《城市生活无着的流浪乞讨人员救助管理办法》中规定，公安机关、城市管理部门和其他有关行政机关在街面巡查时，发现流浪乞讨病人的，应立即通知医疗急救机构，必要时可直接将其护送至医疗机构进行救治，并及时通知属地救助管理机构到医疗机构甄别其身份；其他单位或个人发现流浪乞讨病人的，应第一时间报警并拨打120进行救治，由医疗机构联系救助管理机构进行身份甄别，对符合救助条件的，由救助管理机构无偿提供救助。本案例中相关单位及社工对服务对象依据的是对生活无着的流浪乞讨人员中的危重病人、精神病人（以下简称"流浪乞讨病人"）坚持"先救治、后救助"的原则，是为了确保流浪乞讨病人得到及时的医疗救治。

根据中华人民共和国国务院令第381号《城市生活无着的流浪乞讨人员救助管理办法》及民政部、公安部、财政部、劳动和社会保障部、建设部、卫生部《关于进一步做好城市流浪乞讨人员中危重病人、精神病人救治工作实施意见》（民发〔2006〕6号）文件要求，无法查明死亡受助人员身份或无法联系到其亲属的，救助管理机构应当在市级以上报刊上刊登公告，公告期60天（当地对无主尸体处置有规定的，依照当地规定处置）。公告期满后仍无人认领的，由救助管理机构妥善处理后事，办理火化手续，骨灰及相关物品留存三年。

社工带来生活新希望

——重燃生活的希望

将她带出绝望境地

57岁的王某已经离婚20年，原家庭生育了两个儿子，法院判决大儿子由王某抚养，小儿子由前夫抚养。但是实际情况却是两个儿子都被前夫带走抚养，离婚后王某一直独自生活，因此与两个儿子感情淡薄，与前夫更是反目成仇。

2006年至2014年，王某因多次患病并进行手术治疗，花光了全部积蓄，还欠着信用卡款项债务，加上身体的残疾令王某难以找到合适的工作，经济压力使王某的生活陷入困境。近期王某骨肿瘤复发，因经济原因手术拖了近一年，实在没有办法，因此求助社区帮助申请低保，希望获得政策补助缓解生活困境。

在申请过程中，民政窗口工作人员提出疑问，王某在解释情况时不禁情绪激动，于是当场散发"负能量"，甚至产生轻生的念头。

在与王某的对话中，社工观察到王某提起前夫和儿子时会容易激动，并且产生负面情绪，社工及时进行了安抚，告知她，社工和社区主任是来帮助她的。在理解了社工的工作后王某连声道谢。最后社工与王某互加了微信，约定了会继续联系，一起解决面临的问题。

办理户籍迁移手续

社工按照约定时间在约定地点与王某碰面，陪同办理户籍迁移手续。在户政办证大厅，社工帮助王某检查所需资料，协助其登记和递交。在办理过程中，发现王某只带了公租房的合同复印件，而审核需要用原件，因此没有成功办理迁移手续。从办证大厅出来后，王某表示非常感谢社工的陪同，表示明天她自己带上合同原件再来办理即可，不用再麻烦社工陪同跑一趟。社工叮嘱其明天记得带齐所需手续资料，请她办妥手续后告知社工。

结合王某的情况，社工微信联系王某，向其提供缓解焦虑情绪的办法，引导她遇事学会倾诉，释放压力。社工鼓励她多外出走走，找朋友一起跳广场舞，引导王某分散注意力，避免其一直沉浸在以往的不幸中，并为其增能。

协助办理低保

王某电话告知社工，已写完申请说明，其他所需的相关材料和证明等也已经准备好，社工与其约定时间协助其提交低保申请材料。1月5日上午，社工陪同王某到镇人民政府，协助王某填写申请登记、办理低保事宜，咨询审批时长等。

从镇政府出来，王某对社工一再表示感谢，说社工为其提供了很多帮助，否则自己一人孤独无助，遇到阻碍真的不懂如何去解决，感谢社工让在绝望中的自己看到了生活的希望。社工鼓励王某，保持对生活的热情，积极面对困境，遇到困难不要泄气，相信总有解决的办法，并懂得向身边的"资源"求助，也可以找社工。

王某很感谢社工的帮助，说是社工把她带出了绝望的境地。经过前期的鼓励和支持，到顺利办理低保申请，王某现在的情绪较之前稳定了，社工感到十分欣慰，王某从偏激冲动、口口声声要轻生，到现阶段心平气和地与社工及身边的人相处，整体心情表现得愉悦轻松了不少。王某向社工说，通过社工的帮助，感受到社会的关心，社工是真正为百姓办事的。前段时间因为生病的事着急，申请低保又遇到困难，导致产生了轻生的念头，现在已经没有这种想法了。今后会按照社工的建议，放下过往不幸的事情，学习如何调整心态，乐观地面对生活。

低保顺利办理后，社工微信联系王某，跟进其近期情况。王某说，在社工的建议与帮助下，已经找到了新的工作，人生有了新的定位。并离开了常住地，已经前往广东生活。

督导点评

本案例中服务对象在经济状况恶化的情况下，健康状况也出现恶化，因此寻求政府资源的支持。在需求可能得不到满足的情况下，就会容易感到焦虑、恐惧和愤怒，产生应激性反应。社工的介入使服务对象重新感受到了安全和秩序化，消除了焦虑和恐惧，因此服务对象在成功办理低保后很快地恢复了情绪的稳定及生活的正常化。

相关政策法规（节选）

根据广西壮族自治区民政厅关于印发《广西壮族自治区低保边缘家庭和支出型困难家庭审核认定办法（试行）》（桂民规〔2022〕1号）的通知内容，本案例服务对象办理低保主要根据该办法第七条关于支出型困难家庭应同时符合的规定：

（一）家庭人均年收入低于上年度户籍所在地居民人均可支配收入；

（二）家庭财产状况符合相关规定；

（三）家庭因大病重病、因重度残疾（包括三级、四级精神和智力残疾）、因高龄不能自理无人照顾、因大灾或重大意外事故、因子女上大学等刚性支出超过家庭可支配收入，或虽未超过家庭可支配收入，但家庭可支配收入扣除刚性支出后低于当地低保标准2倍；

（四）未纳入最低生活保障、特困人员供养、低保边缘家庭救助范围。

解开"枷锁"，点亮心窗

——社会救助对象帮扶个案

韦恩的不幸遭遇

韦恩（化名），2019年因意外伤害导致肢体二级重残，偏瘫、肌无力、不能行走，生活不能自理，语言功能障碍也随之而来。与母亲共同居住在铁路老旧小区，两房一厅的原始建筑加上加建部分，房屋面积大约70平方米，母子二人每人一间。由于住房是一楼，采光差，屋内杂物多、辅助器具多，让房屋空间显得较狭小。

韦恩自诉，受伤前一直从事奇石买卖，有阅历，有财富积累，有大多数人都羡慕的"小资"生活。受伤后昏迷了83天，先后花费了80多万元进行了多次手术及康复治疗，光是重新让自己开口说话就花费了近10万元，这才有了现在口齿不清、磕巴的语言水平，同时存款也花费殆尽。

2022年，韦恩离异，患有智力残疾的9岁儿子随前妻一同生活，所有费用由前妻承担。离异后，韦恩平时由母亲照顾饮食，姐姐在家门口支了个早餐摊点卖云吞，每天收摊后姐姐来照顾其洗浴、更衣等。

如今韦恩与母亲及儿子一同享有城乡居民低保共计每月1500元，疾病开支及康复治疗等费用基本由姐姐承担。目前，韦恩对于自己的身体状况不够乐观，平日少言、少外出，与旧友基本无往来。

注入希望

因韦恩存在语言交流障碍，社工初次与韦恩见面时以平和缓慢的语气与其进行交谈，试探性地触碰韦恩的"陈年伤痛"，引导他表达最真实的情感、想法和需求。社工运用共情及自我披露的方法，将自身患有重大疾病且同时因意外伤害导致肩部粉碎性骨折，以及因多年无法治愈以致正常生活颇受影响的情况告诉了韦恩，两者间的距离瞬间拉近许多。随后韦恩诉说了很多生活过往及目前情况。在这个过程中，社工用心观察和聆听韦恩显现出的问题及心声，及时思考整合信息，理解韦恩的感受并作出积极的回应，肯定韦恩之前所作的努力。为鼓励韦恩敞开心扉，社工分享了残障人士成功逆袭的案例、励志故事、视频，特别是具有感染力的身边人、身边事。韦恩也表示，他在抖音中看到的小飞在巴基斯坦星光村的爱心故事给他的印象最为深刻，他也很想走出低谷，并用自己的事迹和力量去帮助需要帮助的人。

打开心扉

针对韦恩的思想负担和家庭关系，社工协助其重建家庭支持网络，促进家庭成员关系变得紧密。社工协助韦恩学习与家人沟通的技巧，建议他多多赞美家人，引导他对母亲、姐姐和前妻的辛苦付出给予肯定与鼓励，这让家人们在心理上得到了慰藉，舒缓了照料压力。

社工通过观察和接触发现，韦恩的孩子虽患智力残疾，但经过引导和示范，他在与父亲相处时能够做一些打闹嬉戏以外的事情。社工为孩子播放亲子动画片，从片中学习寓教于乐的亲子小游戏，让孩子与父亲相互按摩捶背，既能通过简单的动作缓解韦恩的手脚麻木，又能将该游戏作为父与子之间爱的传递。此外，社工还向孩子示范了如何鼓励、协助父亲做康复锻炼，引导孩子学会关心、照顾父亲。

通过社工的介入，韦恩家里的欢笑声多了。通过一系列的引导和示范，社工教会了韦恩怎样与家人相处及互动。比起原来，他更能坦然接受现在的自己，能感受到家庭的关心关爱，家庭关系较之前融洽，愧疚感和负面情绪随之减少。

"真正的快乐，不完全取决于外界，而在于自己的内心。只要心中有风景，眼里才看得见五彩斑斓，生活才会越来越美好。"社工这样对韦恩说。为了增加趣味性，社工向韦恩推荐了"学习强国"App，从这里他可以看到全世界。韦恩试用了一段时间后说，这个App真的非常好，里面有他最喜欢的军事频道、世界全科消息，有免费电视电影，还有小学到高中的全科同步教学视频，最关键的是不用充会员也能从头到尾免费看。

社工鼓励韦恩多说话、多交流，社工推韦恩走出房门呼吸新鲜空气，为他搭建朋辈支持网络，调动其参与社会活动的积极性，拓展其社会支持。为减少韦恩的心理压力和沟通负担，社工提前和社区、邻里沟通，希望社区和邻里能够关注和体谅韦恩的情况，用肢体语言、情感支持、真诚邀请等方式舒缓韦恩在社交时的紧张情绪，增加他与外界的沟通联系，正确引导使韦恩逐步敞开心扉适应外部环境，克服内心困扰建立良好的人际关系，减少孤独感。

"五社联动"齐关爱

　　社工家访时，韦恩表示家中安装的扶手大部分已经松动，他靠这些扶手、拉绳从地垫上起身，他所到之处没有扶手作为辅助支撑，家人根本扶不住。获悉这一情况后，社工联系了社区服务中心志愿者为韦恩把全屋扶手、杠杆修理和加固了一遍，保障他起身时的助力支持。社工了解到在洗澡的时候都是家人很困难地将韦恩挪到卫生间，他坐在木椅上由姐姐帮他淋浴擦洗。为方便韦恩的生活，社工链接了民政局康复辅具社区租赁中心（以下简称租赁中心），协调下拨了轮式淋浴坐便椅给韦恩。辅具送入户当日，社工招募了志愿者联合社区民政工作人员一同为韦恩进行组装，确保其在收到辅具后能第一时间使用。有了轮式淋浴坐便椅后家人可以推着他到卫生间，还能满足他在房间如厕的需求，为生活提供了便利，提高了照护质量。社工之后又为韦恩家庭申请了助行器，韦恩可以进行站立复健练习。此外，两件辅具在损坏时可以送回租赁中心进行快速免费更换，免去了器具断档的后顾之忧。

　　在服务过程中，韦恩表示很想到济南或上海做肌张力、平衡力手术，由于无人陪护，另外，对于治疗效果也没有信心，所以一直没有行动。他因外出不便、语言障碍，在市内寻医问诊多有不便。社工为他咨询了市人民医院康复科、市工人医院神经科的主任医生，得到了"意外伤害导致的肌张力问题不能通过手术来解决"的答复，医生建议通过锻炼和药物治疗来改善。社工咨询了着重锻炼部位、动作要领以及药品名称和价钱等，给韦恩作了详细反馈。反复地演示与操作，韦恩学会了网络问诊，能自己打字咨询。为了让他能方便地打字，社工还为他重新下载了方便快捷的输入法。韦恩表示，要积极进行锻炼，他从一个情况跟他差不多的朋友处看到了坚持锻炼的效果和希望。

针对韦恩的身体、家庭和经济情况，社工链接了林溪社区卫生服务站，医生上门免费为他和母亲体检，介绍改善肌张力的锻炼动作等。社工还链接了附近药店的持证医生长期为韦恩及其母亲提供血压、血糖检测，常见病用药提供等服务。

督导点评

增能理论认为，个人需要和问题的出现是由于环境对个人的排挤和压迫造成的，社工为服务对象提供的帮助应该是挖掘和激发他们的潜能，以对抗外在环境的压力。服务过程中更看重服务对象的长处、主体地位和个人价值，焦点放在消除服务对象的无力感上。本案例中服务对象在重残前具有良好的人际关系和经济基础，具有自我改善的潜能，社工在服务中通过为服务对象树立榜样、助其参与社会活动等方式增强其能力感，发展其分析问题和解决问题的能力。

在社会学研究中，社会支持具有三种含义：其一，个人拥有的与重要他人（如家人、朋友、同僚）之间直接或间接联系中，在出现危机时可以发挥援助功能的社会关系，即社会互动关系。其二，个人对自己与他人联系的认知，即个人主观感受到的来自他人的关怀、鼓励、表扬等。这种观点强调当事人对他人提供的援助的满足感。其三，他人表现出的具有支持或援助意味的具体行为，即外在于被支持者的社会性活动。

本案例中社工更注重社会支持的功能性作用，认为给服务对象提供资源（志愿服务和家居改造）和动力（自身信心建立及家人支持）的帮助，给予工具性援助或表达性援助可以有效满足服务对象需要和解决问题。

相关政策法规（节选）

根据《关于印发〈广西壮族自治区残疾人精准康复服务行动实施方案〉的通知》（桂残联字〔2016〕52号），各县市残联要指导各乡镇残联对辖区内符合条件的残疾人进行辅助器具需求摸底调查。发动村（社区）干部、残疾人专职委员上门入户对残疾人所需辅助器具进行逐个登记，精准对象，确定配发辅助器具的品种、规格、数量及相关参数。有需求残疾人填写《广西残疾人精准康复基本辅具补贴申请审批表》，乡镇残联填写《残疾人辅助器具需求筛查汇总表》，并将汇总表与残疾人填写的《广西残疾人精准康复基本辅具补贴申请审批表》一并上报县残联审核。

县残联审核通过后，按需求采购相应辅具，免费为残疾人配发《自治区残联关于印发〈广西2022年度联合采购残疾人基本辅助器具办法〉的通知》（桂残联字〔2022〕9号）、《自治区残联关于印发〈助行器和生活助理类（A分标）中标供应商优惠率、服务内容及目录〉的通知》（桂残联字〔2022〕19号）文件中相应的辅助器具。辅具适配形式为入户适配。

我也是有"身份"的人

——一名失明流浪乞讨人员的回归之旅

黄叔是一名52岁的失明流浪乞讨人员，他自幼家境贫苦，父母早亡，有两位兄长。成年后，大哥入赘女方家，家庭地位不高。二哥独自一人外出打工，收入仅能维持自己的生计。黄叔一直单身，双目因白内障失明后，无法继续劳动，两位兄长均无力为他治疗眼疾，也无法收留并照顾他的日常生活，于是黄叔外出流浪乞讨。经历长期流浪生活后，2020年8月黄叔被救助管理站发现并接入站内生活。进站后，他见到了社工，开启了他的回归正常生活之旅。

重见光明

黄叔进入救助管理站后的第一年，经过站内工作人员及驻站社工的精心照料，身体状况有了很大改善，尽管依然不能视物，但较之他进站之初，因营养不良造成的多种不适已经不存在，黄叔的身体也结实了许多，脸色有了红润。

救助管理站的社工关注到黄叔进站后，对周边充满戒备，在站内也常出现午夜噩梦惊醒的情况。因此，社工为黄叔开展心理关爱、文化娱乐及节庆日陪伴服务，黄叔的心理状况得到改善，不再如往常一般时刻戒备来自外界的伤害，并向社工敞开心怀，述说了自己幼时的家庭经历及流浪期间的遭遇：几年前，为一家烧烤摊打零工期间，他发现原本已经有些模糊的眼睛变得再也难以视物，因没法做好事情而被老板辞退，他的两位兄长无力为他治疗眼疾，也无法收留并照顾他的日常生活，于是他开始了颠沛流离、无依无靠的流浪生活。随着时间的推移，他的双眼彻底失明，并且因为长期与家人失去联系，他的户籍已被注销。

流浪期间，因为无法视物，他被撞过，掉进过河里，被狗咬过，被人追打过，数次险死还生，这令他心有余悸，时时觉得不安。他甚至都想过，可能某一天在人潮涌动的街头，自己会孤苦无依、悄无声息地离开这个世界。经过社工长时间的开解和心理疏导，黄叔逐渐放下心中的包袱，并向社工寻求就业帮扶服务。

要帮助黄叔更顺利地实现就业，社工意识到需要协助黄叔扫除眼盲这个障碍。社工在咨询了专业医生后，推断黄叔很大可能是白内障导致的失明。

社工将这一情况汇报给救助管理站及所属的社工机构后，引起两家单位领导的高度重视，经双方多次探讨后，决定为黄叔链接社会医疗资源，进行进一步检查，如确定可以治疗，将为黄叔进行复明手术。

救助管理站把当地医疗业务定点医院作为第一选择，但经过与医院对接，发现该医院眼科不具备相应条件，于是继续寻找其他医院。在进一步寻找后，社工链接到爱尔眼科医院资源。与该院接触沟通多次后，该院承诺可以为黄叔提供免费检查，但由于该院为商业性质医院，起初并不愿意为黄叔提供免费复明手术，经过救助管理站及社工锲而不舍的努力，终于打动该院领导，同意为黄叔提供免费复明手术。

2021年10月24日，在救助管理站及社工的陪同下，黄叔来到爱尔眼科医院，经过检查，得到了一个振奋人心的好消息：白内障导致的失明，能治！

当天下午回到市救助管理站后，黄叔心情依然没有恢复平静，不光对社工表示感谢，还与同住的其他受助人员也一直在高兴地交流这件事。社工说："黄叔，恭喜你，过不了多久，你的视力就可以恢复了。现在医生正在为你制订治疗方案，等确定好方案后就会为你安排手术。"

黄叔脸上满是对复明后生活的期待。

经过近一个月时间的跟进，爱尔眼科医院确定好了手术方案和时间。2021年11月19日下午，在救助管理站领导、工作人员及社工的护送下，黄叔办理了住院手续，并在当天下午成功进行了左眼复明手术。11月21日，成功完成右眼复明手术。至此，黄叔重见光明的梦想终于实现。

重获户籍

为了能尽快让黄叔拥有合法身份，顺利重归社会开始正常生活，救助管理站及社工积极奔走，与黄叔原户籍所在地民政办及公安部门经过充分的前期沟通，完成了黄叔身份信息核实工作。2021年12月10日，确定好所有办理流程后，救助管理站领导、工作人员及社工会同黄叔户籍县镇民政办工作人员，陪同黄叔到当地县公安局户籍科，为黄叔成功办理了身份恢复业务。

拿到业务回执的黄叔感慨自己不再是黑户了，可以光明正大地找工作，开始正常的生活。

为了让黄叔在离开救助管理站取得正常稳定收入之前能够有最基本的生活保障，救助管理站和社工组织决定双管齐下，一方面为黄叔申请办理乡村最低生活保障补贴；另一方面积极为黄叔提供相应的工作技能培训，链接社会资源，为黄叔寻找一份力所能及的工作。

救助管理站、社工及黄叔户籍县镇民政办工作人员协助黄叔成功申办了乡村低保，并在当地农村信用合作社为他办理了乡村低保银行账户。

至此，黄叔恢复了视力，有了合法身份及最低生活保障，黄叔所担忧的事情已经解决了大半。

重回社会

在视力恢复的初期，强烈的喜悦之情让黄叔产生了巨大的动力，他有非常强烈地去工作的冲动和愿望。但随着时间的推移，他的思想产生了波动：一方面是因为长期与社会脱离以及自身较差的条件和能力；另一方面是在被救助期间享受到前所未有的衣食无忧的安稳生活，这使得黄叔既想继续依赖于现有不劳而食的生活，又向往外界独立自主的生活。

社工发现，黄叔在救助管理站生活期间已经有了一定程度的改变，从起初的不善言辞，到现在可以轻松与他人交谈，精神状态也从过去的孤独落寞变得乐观开朗。社工引导黄叔认识到自己所发生的这些正向改变，协助黄叔提升自信，同时加强黄叔的职业认知。

鉴于黄叔现阶段接受能力较差的情况，在为黄叔进行相关培训时，社工只能根据具体岗位所需的技能和技巧进行有针对性的培训。同时在为黄叔进行职业选择的过程中，根据他以往的工作经历和自身能力，广泛链接就业资源。

社工在所属工作机构的支持下，首先链接到了桂林市本地一家屠宰公司的工作，但进一步了解后得知，这份工作需要做好手动记录及简单的电脑录入工作。由于黄叔从未上过学，长大后也没有学习一定的文化知识和技能，因此只能放弃这个工作岗位。

2022年4月中旬，经过不懈努力，桂林市一家爱心企业抛出橄榄枝，为黄叔提供了一份较为轻松简单的服务性工作，对文化素质、交流能力基本没有要求。为了让黄叔更顺利地入职，社工对其进行了针对性的培训，并陪同他到用人单位。经过现场面试、试工，黄叔被企业录用。

至此，黄叔成功实现了从一个双目失明的流浪汉到正常独立的社会人的转变，成功融入社会。

督导点评

本案例中社工运用系统视角，首先从问题入手，清晰界定和描述问题；其次，把关注焦点转向问题所处的社会场景，分析问题场景中各系统之间的相互影响，把握问题场景的动态逻辑；再次，社工需要和服务对象协商服务目标，建立专业的合作基础；最后，社工就可以根据服务目标，确定服务的策略，形成介入计划。

社工从服务对象个人层面出发，通过长时间的陪伴和心理疏导，缓解服务对象害怕的情绪以及激发服务对象重新就业的信念，同时为服务对象提供就业培训和陪伴其一起找工作，帮助服务对象成功就业。

在宏观层面上，获得救助站的支持，同时链接医疗机构、户籍办理单位、低保办理机构和企业等资源，解决服务对象遇到的健康、经济和就业等方面的问题。最后成功地融入社会。

生活模式认为，社会工作的服务分为四个阶段，准备阶段，社工要向服务对象传达自己的关切和真诚，收集服务对象的有关资料；开始阶段，社工要与服务对象一起明确造成困扰的生活压力事件，并在此基础上设计服务方案，同时与服务对象协商实施过程；中间阶段，社工需要扮演不同的服务角色，主要包括使能者、探索者、资源调动者、指导者和促进者等，以帮助服务对象学会在具体的生活场景中找到应对困难的方法；结束和评估阶段，社工需要与服务对象一起评估工作的效果。这涉及对过程和结果进行评估，以确定工作的成功和不足之处。社工需要倾听和尊重服务对象的意见和反馈，并从中吸取经验教训。同时还需要与服务对象共同制定未来的计划和目标，以确保问题的持续解决或改善。

相关政策法规（节选）

救助管理机构实施救助的对象为生活无着的流浪、乞讨人员，是指离家在外、自身无力解决食宿的生活无着人员，包括生活无着的流浪人员、生活无着的乞讨人员以及生活无着的临时遇困人员。但职业乞讨、跑站骗票、强讨恶要等"生活有着"的流浪乞讨人员不属于救助管理机构的救助对象。

救助管理机构应当根据受助人员的需要提供下列救助：

1. 提供符合食品卫生要求的食物。

2. 提供符合基本条件的住处。

3. 对在站内突发急病的，及时送医院救治。

4. 帮助与其亲属或者所在单位联系。

5. 对没有交通费返回其住所或者所在单位的受助人员，提供乘车凭证。

市民在街头遇见流浪乞讨人员，应告知其到救助管理机构求助，必要时可引导或护送他们到救助管理机构。若是遇见疑似走失人员，可直接拨打"110"报警，由公安机关依法处置；若是遇见流浪乞讨危重病人、精神病人，请直接拨打"120"进行救治，由医疗机构联系救助管理机构进行甄别处置；若是遇见职业乞讨者，不要盲目施舍财物，避免爱心被利用，助长职业乞讨之风；如果想献爱心，可以把善款捐助到慈善机构。

同时，根据《中华人民共和国户口登记条例》等相关规定，社会福利（抚养）机构或救助机构接收无人认领的无户口人员，本人或者承担监护职责的单位和个人凭当地民政部门出具的接收证明，经公安机关核实后办理集体户口登记。无户口人员属弃婴（儿童）的，需一并提供发现地公安机关出具的《捡拾弃婴（儿童）报案证明》；公民长期收留患精神等疾病身份不明已成年的无户口人员，由收留一方提出申请，经公安机关调查核实未在其他地方落户的，可办理常住户口登记；退伍转业及刑满释放安置证明材料遗失等原因造成的无户口人员，本人可以向原签发机关申请补发，凭补发的证明材料办理常住户口登记。申请补发确有困难的，由本人提出申请，经公安机关会同有关部门调查核实后，可办理常住户口登记。以上无户口人员因无法提供《出生医学证明》或有资质的鉴定机构出具的亲子鉴定证明等材料，需公安机关调查核实，排除被拐卖（盗、抢）情形以及确认查找不到其亲生父母的，由公安机关采集无户口人员生物检材，检测 DNA 并将 DNA 数据录入"全国公安机关查找被拐卖 / 失踪儿童信息系统"进行比对。

申请低保需要符合以下条件：①共同生活的家庭成员（共同生活的父母、配偶、子女和家庭其他成员）人均收入低于当地最低生活保障标准（贵港市 2022 年城市低保标准已调整为月人均 780 元、农村低保标准调整为年人均 6300 元）；②符合当地最低生活保障家庭财产状况规定；③广西壮族自治区户籍。

　　由共同生活的家庭成员向家庭中任何一位成员的户籍所在地的乡镇人民政府、街道办事处提出。申请人经常居住地与户籍所在地不一致的，可以向经常居住地的乡镇人民政府、街道办事处提出。家庭成员申请有困难的，可以委托所在村（居）民委员会代为提出申请。

　　申请低保需要提供以下材料：①户口簿；②身份证；③说明家庭困难情况（如残疾证、医生诊断书、出入院证明、医疗费用凭证和报销凭证、学生证等）；④履行授权核查家庭经济状况的相关手续。⑤申请人银行账户：存折或银行卡复印件。

　　低保办理的流程如下：个人申请，乡镇人民政府（街道办事处）通过入户调查、邻里访问、信函索证、信息核对等方式调查核实，提出初审意见公示（公示有异议则进行民主评议，无异议则进入审批环节），受委托行使最低生活保障审批权的乡镇人民政府、街道办事处或者县级人民政府民政部门审批发放、长期公示。

最后一次"远行"

——特困供养人员的丧葬处理案例

陈伯的突然离世

86岁的陈伯是R街道P社区的独居特困供养人员。社工在走访过程中发现陈伯情况较为特殊,与陈伯妹妹达成定期探访的约定后,由陈伯妹妹每周至少来陈伯的住所1次,以确保陈伯的安全,避免不良事件的发生。陈伯离世后,陈伯妹妹通过社工留下的项目服务联系卡与社工取得联系,并主动求助,望社工协助办理陈伯的丧葬事宜。

陈伯妹妹的求助电话

陈伯妹妹表示去陈伯家探访时,推开门只见陈伯跌倒在地,两眼瞪得大大的,无呼吸。联系社区办公电话,但无人接听。又到社区门口去等,等了好几个小时才知道当天周六社区不上班。回家找社区工作人员的联系电话,都没找到。多次往返陈伯住所所在小区和其所居住小区,无法解决问题,十分着急。想起社工之前过来家访时说有事情可以求助，所以打电话试试。

陈伯妹妹在电话里语气焦急，表示现在多等一分钟都很难受，加上当时天气热，又有疫情，没办法再让陈伯的尸体留在家里。社工首先倾听她的描述，理解她的焦急心情，肯定她想要立即处理丧事的想法等。

社工介入

社工与所在街道、社区、L市殡仪馆等取得联系，明确后续的行动方向和服务的流程等。社工与陈伯妹妹如约见面，在服务中充分运用专注、倾听等访谈技巧，给予陈伯妹妹精神层面的支持，引导其抒发痛苦的情绪，达到情绪宣泄的目的，使其坦然面对陈伯的死亡，避免其受到更大的伤害。同时，社工将了解到的信息与陈伯妹妹进行反馈，明确最重要的是需要拿陈伯的身份证件到社区卫生服务中心开具死亡证明，开好死亡证明之后殡仪馆才能过来把尸体运走。

多方合力共同解决陈伯后事

陈伯亲属求助时间恰逢周六傍晚，在这个大家都忙碌于家庭的时间点，如何快速联动多方资源，这时就考验社工的应变能力了。社工通过线上与R街道民政主任联系，沟通达成共识：考虑到当前疫情较为严峻，且近几日天气炎热，把陈伯的尸体运送走是目前的首要任务。民政主任与社工一起联系了P社区及社区卫生服务中心，为陈伯问题的解决提供了有效的保证。

协助陈伯妹妹到社区卫生服务中心开具死亡证明后，陈伯妹妹、社区工作人员、社工在陈伯所在小区互相沟通，明确后续操作流程。陈伯妹妹将开具好的死亡证明书提供给社区工作人员查看，社区工作人员告知陈伯妹妹周一可以到社区开具陈伯的特困证明；陈伯火化后，需要将陈伯的火化证明、身份证、户口本等相关证据提交到社区进行登记。最后，社工向街道、社区做好反馈工作，并表示如后续有需要社工协助的可以电话联系。

为了确保尽快处理尸体，社工提前联系L殡仪馆告知其死亡证明书已经开好，社工协助殡仪馆工作人员将陈伯的尸体成功装车并运走。

督导点评

危机介入是指对危机状态下的个人、家庭或团体提供一种短期治疗或者调适的过程。这是一种特殊的介入，目的在于消除其紧张情绪、恢复功能，使其走出危机。本案例针对陈伯妹妹开展情绪疏导、协助其正确看待陈伯的离世，进行直接介入；针对陈伯以外的社会系统的联动进行间接介入，通过多种方式解决问题、走出危机。

系统理论认为，个体与家庭、社会环境相互作用，构成一个复杂的生态系统。在本案例中，社工协助服务对象处理丧亲的问题，一是了解服务对象的心理反应和需求，充分运用专注、倾听等访谈技巧，为其提供心理支持和咨询，引导其抒发痛苦的情绪，达到情绪宣泄的目的，使其坦然面对陈伯的死亡，而后也陪伴其去处理陈伯丧后事宜，帮助她逐步走出悲痛，恢复正常生活。二是提供有关丧亲后事情处理的信息，服务对象亲属离世后，服务对象不知道如何处理，社工通过相关政策解读，引导她搜集服务对象的身份证、银行卡等信息，联系民政、卫生服务中心和殡仪馆等部门和机构，开具死亡证明和火化证明等材料，陪伴服务对象能够顺利处理亲属的丧后事情。

相关政策法规解析

国务院印发《关于进一步健全特困人员救助供养制度的意见》（国发〔2016〕14号）指出，对于特困人员救助供养的其中一个内容是：办理丧葬事宜。特困人员死亡后的丧葬事宜，集中供养的由供养服务机构办理，分散供养的由乡镇人民政府（街道办事处）委托村（居）民委员会或者其亲属办理。丧葬费用从救助供养经费中支出。本案例陈伯属于特困供养人员，符合政策规定的办理丧葬事宜条件，社工可根据政策规定协助办理陈伯的殡葬事宜。

社会工作介入社会救助服务实操路径的思考

以政策为基本，建立良好的联动机制

所谓社会救助是指国家和其他社会主体对于遭受自然灾害、失去劳动能力或者其他低收入公民给予物质帮助或精神救助，以维持其基本生活需求，保障其最低生活水平的各种措施。我国社会救助的主要项目包括最低生活保障、特困人员供养、医疗救助、教育救助、住房救助、临时救助等。在社会工作者开展实务工作的过程中涉及的救助政策及部门较多，因此社会工作者要做好社会救助社会工作服务必须认真学习社会救助相关政策法规，以政策法规为基本开展服务。此外，由于社会救助服务对象一般面临的问题具有紧急性、复杂性等特点，仅靠社会工作者的力量是无法解决的，需要与民政、卫健、教育、住房和城乡建设、人力资源和社会保障、医疗保障等部门积极联系，形成联动机制，共同解决服务对象的问题。

这一过程中，社会工作者可以通过走访沟通、参与相关部门的业务培训、动员相关部门召开联席会议等方式学习社会救助政策相关知识，并与相关部门建立良好的关系。

以需求为导向，改善服务对象困境

合理评估，聚焦需求。社会工作者在走访社会救助对象的时候，往往面临的是服务对象复杂多样的诉求。社会工作者在众多的需求中要结合社会救助"兜底线、保基本、救急难、促发展"的原则及社会工作"以人为本"的原则，合理评估服务对象需求的紧迫性、可行性，与服务对象分析聚焦当前最需要解决的问题，确定目标并制订行动计划。

综合介入，多措并举。一是要重视资源链接。社会工作者首先要根据服务对象需求及服务目标，利用政策依据为救助对象链接生活、就学、就业、医疗等方面的政府资源。对于一些政策未能覆盖的困境人群，社会工作者应通过牵线搭桥的方式帮助求助者寻求其他方面的救助。对于一些外来重病患者来说，因受户籍限制，其在政策范围内能申请的救助极少。社会工作者可以帮助求助者发动募捐，协助申请慈善救助，组织其他专业力量和志愿者为救助对象提供服务等，并运用民间资源作为补充，最大限度地弥补政府资源的不足。对于超出社会工作者专业能力范围的困境人群如精神病患者、自闭症儿童、吸毒人员等，应通过跨专业合作的方式，将有需要的人群转介到相应的服务机构。社会工作者在服务中要有意识地将分散在各部门、条块化的、较为丰富的针对困难群众的救助资源，通过各种有效链接方式，聚焦到每一个救助对象个体中去，帮助救助对象摆脱困境。二是要对救助对象有针对性地开展辅导。救助对象因为无法抗拒或无力改变的原因而陷入生存困境，在精神和心理层面都有可能受到不同程度的伤害，因而会封闭自己、缺乏信心，或者抱怨命运以及社会的不公。社会工作者在实施救助服务过程中，要及时发现服务对象的这些心理特征，并运用社会工作的专业知识和方法及时介入和进行干预。例如，通过开展个案工作或者家庭治疗，帮助服务对象正确面对生活的挫折，正确认识现实，摆脱心理困扰。

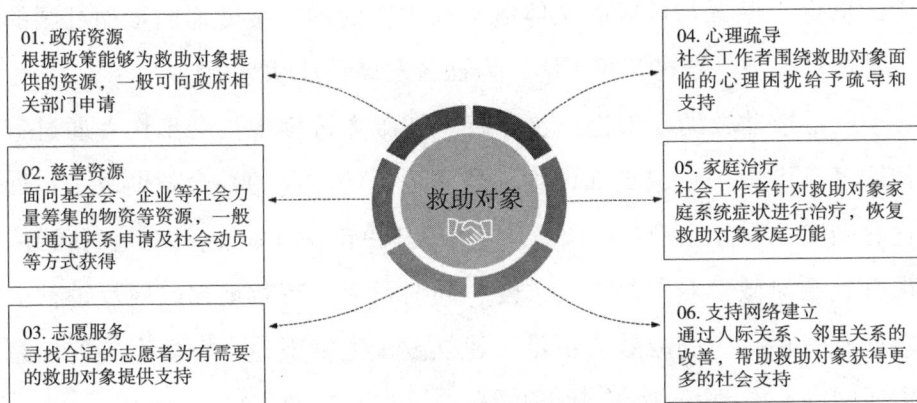

01. 政府资源 根据政策能够为救助对象提供的资源，一般可向政府相关部门申请		04. 心理疏导 社会工作者围绕救助对象面临的心理困扰给予疏导和支持
02. 慈善资源 面向基金会、企业等社会力量筹集的物资等资源，一般可通过联系申请及社会动员等方式获得	救助对象	05. 家庭治疗 社会工作者针对救助对象家庭系统症状进行治疗，恢复救助对象家庭功能
03. 志愿服务 寻找合适的志愿者为有需要的救助对象提供支持		06. 支持网络建立 通过人际关系、邻里关系的改善，帮助救助对象获得更多的社会支持

图1-1　社会工作者针对救助对象的综合介入

以发展为目标，推动服务对象融入社会

一是提升服务对象自我发展能力。社会救助对象大都是老、弱、孤、病、残、贫的群体，其中绝大部分丧失劳动能力，依靠自身力量难以改善生活状况；还有一部分虽有劳动能力，但就业条件差；也有一部分只是暂时性贫困。对不同的救助服务对象，社会工作者就有必要帮助他们制定最适合的反贫困策略，增强其自身脱贫能力的培养和塑造。除了协助其获得国家政策范围内的救助外，社会工作者还要帮助贫困家庭和个人发掘社会资源，提高生存能力，培养工作技能，提高生活质量，通过自身努力彻底摆脱贫困。

二是助力救助对象融入社会。生活贫困或者遭遇不幸的个人或家庭缺乏参与社会活动的机会和资源，被排斥在正常的社会交往之外，在社会生活中往往被边缘化。社会工作者需要为救助服务对象创造机会参与社会活动，增进他们与其他居民的交流，扩大他们的交往范围，帮助他们积极融入正常的社会生活。比如，社会工作者可以鼓励社区中的低保对象参与社区的文体活动和志愿活动，帮助他们参加社区的各种居民组织，增进互相了解，为社区发展献计献策。

三是推动救助政策进一步完善。在服务过程中社会工作者通过宣传服务帮助救助对象更加详细、全面地了解政府的社会救助政策；通过总结专业服务经验及在政策落实中发现的问题积极向社会进行倡导，提升社会对救助对象的人文关爱，同时及时、有效地向政府反馈社会救助政策执行中的成效与不足，建立健全上情下达、下情上传的信息沟通网络，推动完善社会救助政策。

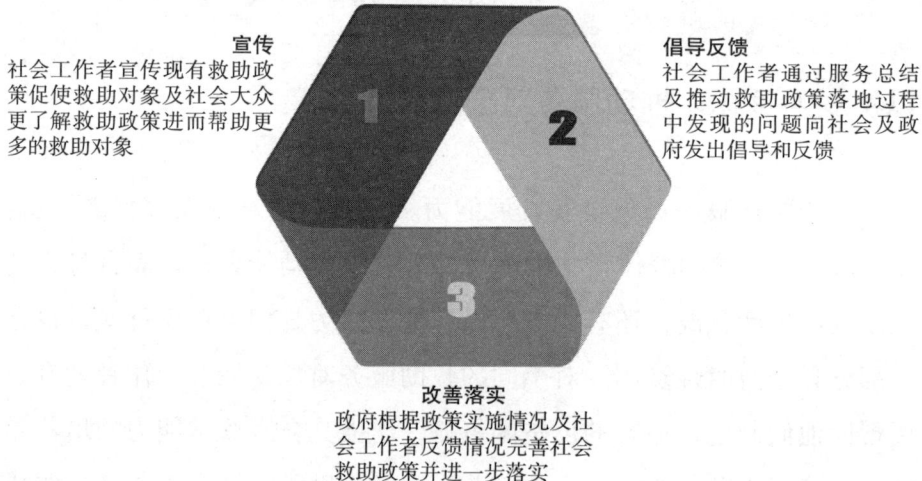

宣传
社会工作者宣传现有救助政策促使救助对象及社会大众更了解救助政策进而帮助更多的救助对象

倡导反馈
社会工作者通过服务总结及推动救助政策落地过程中发现的问题向社会及政府发出倡导和反馈

改善落实
政府根据政策实施情况及社会工作者反馈情况完善社会救助政策并进一步落实

图1-2 完善救助政策和联动过程

第二章

老年人关怀案例

　　广西壮族自治区老年人口比例逐年增加，人口年龄结构持续向高龄化趋势发展，老年人口已经超过中青年群体，面临着人口老龄化加剧、医疗养老资源不足、社会缺乏养老认知等问题。自治区在乡镇（街道）社工站全面覆盖以后，在老年人生活照料、居家安全、健康维护、经济保障、康娱休闲、社会参与、婚姻家庭、临终关怀、全面照顾服务（居家照顾—社区照顾—院舍照顾之间的良好过渡与整合）等方面做了大量的工作。

从绝望到希望

——"五社联动"在独居老人危机介入个案中的运用

"过一天算一天"的林伯

很瘦，瘦到骨头清晰可见。这是大家对林伯的第一印象。作为社区的低保户，林伯除了瘦骨嶙峋以外，还无法独立行走，整个人精神状态不佳，家中凌乱，垃圾、杂物堆积，平时靠面条果腹。

现年68岁的林伯，因为年轻的时候吸毒，导致妻离子散，至今没有联系。后来因为经济来源有限，虽然没有继续吸毒，但是出狱后不务正业，无所事事，亲友疏远。这么多年来林伯一直是独自居住在社区的公租房内，拒绝与外界来往。就连唯一的亲姐姐对林伯也是恨铁不成钢，断了来往。

每当周围的人跟林伯聊起当下的生活状态时，林伯说得最多的一句话就是："过一天算一天，将就将就。"特别是4个月前林伯因驾驶电动车发生意外，导致双腿骨折，到现在独立行走还是困难，无力料理自己的日常生活及居家卫生。自己无亲无故，没有希望，过一天算一天。就这样，林伯已有一个月未出门，不与外界来往，靠家里原先存储的粮食维系饮食。社工入户探访的时候，林伯说得最多的一句也是："活一天算一天，好死不如赖活着。"

"五社联动"助力林伯走出困境

对接社区，为林伯落实政策保障。社工整理林伯的材料上报后，经综合林伯的困难等级，相关部门将林伯由低保对象转为特困供养对象，将林伯的特困救助金定为980元/月、照料护理补贴1086元/月，这种救助措施有力地保障了林伯的基本生活。由于林伯表示不愿意进入养老机构集中供养，选择在社区分散供养，经社工与社区网格员商议，决定由社区网格员定期开展安全随访服务，关注林伯的生活和安全。

对接林伯亲属，告知林伯面临的困境。社工多方实地了解林伯致困原因，并协调关系，为林伯提供支持。经协调，林伯姐姐决定在身体允许的情况下每周到访看望一次或通过电话视频的方式，对林伯给予关怀。

发动社区居民志愿者，为林伯提供饮食照料，建立临时监护机制，保障其基本生活。社工动员邻居老吴作为志愿者，为林伯准备每日饮食并送餐，且关注林伯的身心状况，发现特殊情况及时通知林伯的姐姐，社区网格员、社工及时介入，形成"助餐—关照—临时监护—通知上报"的监护机制。

引导林伯家属，对接家政公司，为林伯清理生活垃圾，清洁居住环境。家政公司了解到林伯的困难，以低于市场的价格提供居所环境清洁、消杀服务。家政人员每周上门进行卫生整理，包括环境卫生打扫清理、林伯个人卫生的清洁（洗澡、洗头、剪指甲等），林伯居所变得整洁，空气流通，卫生状况良好，林伯的居住环境及个人卫生得到了保障。

链接社会资源，为林伯提供助老、助医服务。为林伯进行居家养老服务申报。经社区工作人员协助，林伯成功获得由助老员提供的助医、助洁、代购、访视等服务，频次为每月一次。为林伯申请"家庭医生"医疗保健服务。成功倡导居民将闲置物品变成爱心轮椅赠予林伯，辅助其日常行动。

为林伯提供情绪疏导服务，增强其生活信心。在服务过程中，社工引导林伯梳理和总结自己获得的帮助和政策福利，看到生活的良性改变。林伯在志愿者老吴及姐姐的照料和关怀下，身体逐渐恢复，进食量有所增加；依靠康复器具进行康复训练，实现短距离缓慢行走、如厕。社区网格员、家政服务人员、居家养老助老员的定期服务也使得林伯增加了社会交往，获得了社会归属感。林伯情绪由消极转向平和，透露出对姐姐不计前嫌照顾自己的感激，感受到社会、社区及家人对自己的关爱，表示自己希望能最大限度地康复，好好生活。

督导点评

危机介入模式是围绕着服务对象的危机而展开的调适和治疗工作，它的目的是在有限的时间内快速、有效地帮助服务对象摆脱危机的影响。

在本案例中，服务对象年老，因伤独居，自理能力减退，身体瘦弱，4个月前因交通事故致双腿骨折，到现在独立行走还是困难，无力料理自己的日常生活及居家卫生，家里储存的粮食已经吃完。服务对象放弃求助而得过且过，主要是因为有过吸毒史，在出狱后不务正业导致其与亲友变得疏离，使服务对象的自尊感下降。如果没有及时介入，服务对象发生危机的意外性很强，造成的危害难以逆转，需要社工及时接案、及时处理，尽可能减少服务对象发生意外事件的概率。

危机介入的首要目标是以危机的调适和治疗为中心，尽可能降低危机造成的危害。社工与服务对象协商将个案目标设定为建立支持，缓解困境。其次是服务对象由于自身性格及曾经的吸毒史，拒绝与外界接触，将自己封闭在消极的状态中，得过且过。需要为服务对象输入新的希望，调动起服务对象改变的愿望。另外，服务对象自身的支持系统薄弱，难以应对当前的困境，社工需要充分利用服务对象自身拥有的、周围他人的资源，为服务对象提供必要的支持。如社区网格员定期开展安全随访服务；其姐姐每周到访看望一次或通过电话视频的方式，保障服务对象生存方面的需求；动员邻居老吴作为志愿者，为林伯准备每日饮食并送餐，且关注林伯的身心状况，发现特殊情况及时通知姐姐，社区网格员、社工及时介入，形成"助餐—关照—临时监护—通知上报"的监护机制。

社会支持理论。本案中的服务对象，属于社会网络资源不足的个体，日常生活中存在着许多需要帮助的方面，如购物、烹饪、清洁卫生等。如果没有社会支持网络的帮助，他很难独立完成这些生活必需的任务，也容易感到孤独和无助。因此社工发挥"五社联动"力量，通过社区、社会慈善等资源落实服务对象基本生活保障，通过志愿者、社会组织等资源，丰富其社会支持网络，协助其落实基本生活、卫生照料，有效地缓解了林伯的生活困境。

相关政策法规（节选）

特困人群认定。本案例中服务对象符合《广西壮族自治区特困人员认定操作规程》（桂民规〔2021〕6号）规定的无劳动能力，无生活来源，无法定赡养、抚养、扶养义务人或者其法定义务人无履行义务能力的条件，属于特困人员。特困人员救助供养形式分为在家分散供养和在当地的供养服务机构集中供养。特困人员依法享有自主选择救助供养形式的权利，乡镇人民政府、街道办事处应当与特困人员签订《特困人员救助供养方式告知书》并将告知书上传至广西社会救助信息管理系统。

一起面对生活中的困境

——C社区社会工作介入留守老人案例

老了，便是孤独的一个人

现年92岁的苏奶奶，出生在广西一个贫穷的大山里，苏奶奶一生共生了三个男孩，一个女孩，这在讲究多子多福的农村中无疑是大大的福分。可是，每当提起这些，苏奶奶却总是忧愁不断。这一切都源自苏奶奶需要独自照顾自己患肢体障碍的三儿子，以及忍受另外两个儿子和远嫁的女儿不能常常回家的落寞感。

92岁的高龄让苏奶奶也常常忍受着身体上带来的病痛和劳累，除了患高血压等基础疾病以外，双眼也因为做过手术导致左眼视力模糊，只有右眼稍微可以看清，除此之外听力也不怎么好，腿脚也不便。多年来的勤俭让苏奶奶养成了一天只吃两餐的习惯。

除此之外，苏奶奶因个人性格缘故容易与邻居产生矛盾，邻居曾经为其提供生活上的帮助，苏奶奶非但不感谢反而还骂邻居，邻居心里很不舒服，加上苏奶奶也要花时间照顾三儿子，这些原因都让苏奶奶与邻居的关系越走越远。

虽然日子过得不是那么愉快，但每当面对身边患肢体障碍的三儿子时，苏奶奶的身体里就生出无穷的力量，让她继续前进。她也常常安慰自己，外出的儿子还算孝顺，至少会寄钱回来。另外，每个月的高龄长者补贴，和三儿子的个人低保补助，从一定程度上缓解了自己的生存压力，所以，日子似乎又不是那么糟糕。

只是快走过一个世纪的她，也常常幻想自己可以生活得再好一点，自己可以多跟儿女们聊聊天，跟邻居拉拉家长里短，外出的儿女们能够与三儿子多些互动。

爱心助老温情相伴"四步曲"

第一步：改善居家环境。苏奶奶与三儿子居住的房间走道里堆放有木柴、灶台等物品，居住环境较杂乱，稍不注意容易发生被绊倒的意外事故，而不管是苏奶奶受伤还是三儿子受伤，都会让家庭照顾陷入困境。说干就干，社工帮助苏奶奶对居家安全环境进行了清理和改造，消除了苏奶奶家中的安全隐患，如：杂物多、灯不亮等，并且对苏奶奶和其儿子进行了安全使用燃气的知识讲解。

第二步：改善子女关系。苏奶奶的子女平时很少与自己联系、沟通交流，平常没有特别的事也不会来家里，大年大节才回来。苏奶奶内心很希望儿女们能够多回来看看她、陪陪她，但是却又总怕耽误了儿女们的正事。社工鼓励苏奶奶向儿女们表达自己的情感联系，同时与苏奶奶的儿女们进行了沟通，促进了苏奶奶与儿女们的情感沟通。大儿子虽然经济拮据却还专门为三弟购买了电动轮椅，这极大地提高了三儿子的生活质量并减轻了苏奶奶照顾三儿子的负担。

第三步：改善人际关系群。苏奶奶与邻居相处得不是很好，社交支持弱，社工给苏奶奶、家人、邻里提供了相处建议；在邻里之间倡导大家关爱高龄长者，对高龄长者多一些包容与理解，也鼓励苏奶奶走出家门与邻居和谐相处。

第四步：借力志愿服务。苏奶奶平时生活和娱乐都很单一，腿脚不便也难以参加社区的文化娱乐活动，社工招募了一批志愿者定期入户看望苏奶奶，关注了解苏奶奶的安全和需要，并陪苏奶奶聊天，为其带来关心与关爱。同时，志愿者的定期探访有效保证了苏奶奶与三儿子的居家安全。从社区层面也进行了关爱高龄长者的意识倡导。

督导点评

马斯洛需求层次理论中，生理需要是维持生存的最基本的需求，是实现更高层次需求的首要条件。文中苏奶奶独自照顾残疾儿子，生活难免感到无助，缺少精神慰藉。安全需求包括对人身安全、生活稳定以及免遭痛苦、威胁或疾病等的需求。和生理需求一样，在安全需求没有得到满足之前，除了生理需求，人们最关心的就是这种需求。苏奶奶也对自我身体健康、家庭关系、邻里和睦存在需求。

案例中的苏奶奶生理上存在衰退和生理机能不好的情况，生活行动不便；情感上很孤独，缺少家庭温暖，儿女们都不在身边，还要照顾残疾的三儿子；社会关系上很简单，与邻居关系不和谐，同时还有一点很重要的是居家安全得不到有效保障。

从苏奶奶的案例中，我们可以发现苏奶奶最主要的需求是健康维护、社会参与、家庭生活、居家安全四个方面的需求。因此，该案例中的社工针对苏奶奶的四个需求一一制订了回应计划。

结合案例与理论分析，社工介入服务用马斯洛需求层次理论可以先考虑满足苏奶奶的生理、安全、社会需求。

社会活动理论是针对社会撤离理论（人的能力会不可避免地随年龄的增长而下降，老年人因活动力的下降和生活中角色的丧失，希望摆脱要求他们具有生产能力和竞争能力的社会期待，愿意扮演比较次要的社会角色，自愿地脱离社会）提出的，两种理论相对立。活动理论认为老年人应该把自身与社会的距离缩小到最低限度，更积极地参与社会活动，这样，他们的生活才会过得更为丰富多彩，减少心理精神上的病症。

结合本案例中苏奶奶跟邻里互动少、自己出门少的现状，鼓励苏奶奶增加与邻里之间的互动，迈出家门参与社区活动，但考虑到苏奶奶年岁已高，该理论在运用中可结合苏奶奶的身体实际情况进行。

社会支持网络指的是一组个人之间的接触，通过这些接触，个人得以维持社会身份并且获得情绪支持、物质援助和服务、信息与新的社会接触。依据社会支持理论的观点，一个人所拥有的社会支持网络越强大，就能够越好地应对各种来自环境的挑战。个人所拥有的资源又可以分为个人资源和社会资源。个人资源包括个人的自我功能和应对能力，后者是指个人社会网络中的广度和网络中的人所能提供的社会支持功能的程度。社会支持理论取向的社会工作，强调通过干预个人的社会网络来改变其在个人生活中的作用。特别是对那些社会网络资源不足或者利用社会网络的能力不足的个体，社工致力于给他们以必要的帮助，帮助他们扩大社会网络资源，提高其利用社会网络的能力。

根据上述理论分析，结合苏奶奶的情况，本案例中社工着重搭建苏奶奶的社会支持网络，建立志愿者帮扶服务，通过入户探访、定期走访等形式，增强苏奶奶的家庭支持和社会支持。

相关政策法规解析

　　高龄津贴是针对高龄长者实行的一种社会保障制度。其目的是解决高龄长者基本生活问题，对保障高龄长者的生活质量起到很重要的作用。广西 14 个设区市制定高龄津贴最低标准，各县（市、区）发放标准一般不得低于所在设区市的标准。

专业服务敞开心扉，重建支持相信未来

——农村分散供养特困老年人个案

农村分散供养特困老人杨青礼

杨青礼（化名），男，79岁，农村分散供养特困老人，未婚，无儿无女，双目失明，视力一级残疾，独居老人，人很勤劳，生活能自理。按政策应享受供养津贴575元/月，养老金126元/月。但据杨青礼反映，自己从2020年9月开始没再领到126元/月的养老金，生活拮据。

杨青礼独自居住在木头结构的3层木瓦房内，主要居住区域是二楼。木瓦房二楼有两个房间（一间住人、一间堆放杂物）、1个卫生间、1个厨房（厨房里的餐具、用具简单陈旧），房屋面积约80平方米；一楼堆放杂物和饲养家畜；三楼有一个约15平方米的储粮间，现闲置。该房屋建在组级公路旁边，出入较为方便。大门口屋脊一处塑料瓦破烂，每逢雨天会出现漏雨导致地面积水的情况，这可能增加杨青礼行走时滑倒的风险，存在安全隐患。客厅家具简陋，一张长板凳及一堆柴火有序摆放，无阻碍老人行走的障碍物。由于杨青礼视力原因，家里的卫生条件较差。全屋照明系统无法正常使用，客厅、房间及厨房的电灯无法点亮，对杨青礼的日常生活造成一定的影响。

杨青礼虽然为视力一级残疾，但身体较为硬朗，较少有病痛。日常生活完全自理，平常能够到屋边附近捡些柴火解决一日三餐烧柴问题。只是性格内向，话语比较少，日常不愿与他人沟通，对他人戒备心理很强，对未来生活失去信心。自认为没人关心自己，不愿参与社区活动，将自己与外界隔离。

本身的需要怎么满足，谁来解决

杨青礼于50岁时父亲离世，62岁时母亲离世，从此杨青礼开始独自一人生活。本案介入初期，杨青礼与其弟弟的关系极其紧张，已长达5年没有正常沟通，甚至到要断绝兄弟关系的地步。其妹妹的丈夫离世，妹妹现年64岁，有一个儿子，平时要照顾两个孙子，也无法顾及杨青礼。其妹妹的儿子（即杨青礼的外甥）比较关心他，也是监护人，但经常外出务工，不能给他及时提供帮助。

首先，杨青礼居住房屋屋顶有破损，雨天漏雨造成地面积水，影响杨青礼正常行走，有滑倒风险隐患；其次，房屋照明系统无法正常使用，不仅对杨青礼的生活造成一定的影响，而且间接影响杨青礼的社交生活。

杨青礼无子女，没朋友，与家人的交流少，与外界接触也少，感到孤独；另外，杨青礼曾与弟弟发生过经济纠纷，从而导致对他人有严重的戒备心理，这进一步影响他与外界的沟通与接触。目前形成了"对他人不信任—避免与他人过度接触—感到孤独无助—对外界失去信心"的恶性循环。

杨青礼主要依靠特困供养津贴575元/月及养老金126元/月维持生

活，其中126元/月养老金停发，这给杨青礼的生活造成困扰。造成此问题的原因主要由客观因素与主观因素构成，客观因素是杨青礼没有参加一年一次的社保认证；主观因素是杨青礼对外界有过度的戒备心，导致错过了当时对口帮扶人提供帮助的机会。

杨青礼与其弟弟关系紧张，沟通中断，甚至要断绝亲戚关系。从纵向方面分析，杨青礼的弟弟5年前在杨青礼不知情的情况下，在他的责任制山场植树，杨青礼一气之下拔掉其弟弟种植的幼苗，从此以后，兄弟间关系紧张，出现不沟通现状。杨青礼存在其弟弟抢占自己的山场、以后的经济效益将归其弟所有的错误认知。杨青礼的弟弟说，杨青礼视力一级残疾，眼看杨青礼的荒山没有产生经济效益，于是帮助杨青礼种植经济林，以便改善杨青礼的生活，没有抢占他的山场之意。因此，造成兄弟之间关系紧张的主要原因是缺乏沟通，导致如今二人关系紧张，难以缓和。

杨青礼没有朋友，监护人经常外出务工，得不到及时帮助；与其弟相邻居住，但关系非常紧张，平常没有沟通；其妹妹与杨青礼关系很好，也是留守老人，但平常需要照顾孙子，无法顾及照料杨青礼；杨青礼对外界存有很大的戒备心，对村干部、帮扶人的帮扶抱有戒心，未能很好地获得正式支持；农村志愿服务缺乏，没有志愿者提供相应的服务。

社工对症下药满足需求

杨青礼的实际生活现状传达出他的5种需求，社工根据这5种需求及时采取了有效措施。

居家安全需求：首先，杨青礼居住房屋屋顶有破损，雨天漏雨造成地面积水，影响其正常行走，有滑倒风险隐患；其次，房屋照明系统无法正常使用。

社工使用网络微信发布信息为杨青礼募捐塑料瓦、电磁炉等所需物资，物资筹得后组织志愿者修缮杨青礼家里漏雨的地方。社工做了杨青礼以前视力与现在视力的一个对比评估及使用电器能力评估。评估结果证明杨青礼能够正常操作家用电器，于是社工携带杨青礼存折到乡供电所办理银行卡绑定缴费手续，家庭用电恢复正常。

心理辅导需求：杨青礼无子女，没朋友，与家人的交流少，与外界接触也少，感到孤独；另外，杨青礼因与弟弟发生过经济纠纷，从而导致对他人有严重的戒备心理，这样进一步影响他与外界的沟通与接触。目前形成了"对他人不信任—避免与他人过度接触—感到孤独无助—对外界失去信心"的恶性循环。

首先，社工协助杨青礼认识不良情绪的发泄对他人对自己都有影响，让杨青礼结合现实情况进行反思。其次，鼓励杨青礼学习情绪疏导方法，从而发挥自己的潜能，面对目前的生活困境，提高自己处理问题的能力。

生活保障需求：杨青礼主要依靠特困供养津贴575元/月及养老金126元/月维持生活，其中126元/月养老金停发。造成此问题的原因主要由客观因素与主观因素构成，客观因素是杨青礼没有参加一年一次的社保认证；主观因素是杨青礼对外界有过度的戒备心，导致错过了当时对口帮扶人提供帮助的机会。对此，社工上门为杨青礼提供社保认证服务。

缓和服务对象兄弟间紧张关系需求：杨青礼与其弟弟关系紧张，沟通中断，甚至要断绝亲戚关系。造成兄弟之间关系紧张的主要原因是两人缺乏沟通，导致如今关系紧张，难以缓和。

社工及时教授服务对象与其兄弟沟通技巧，鼓励服务对象迈出第一步，主动与弟弟沟通。同时社工与其弟弟沟通得知，其弟弟不会计较前嫌，愿意与服务对象修复关系。

完善社会支持网络系统需求：服务对象没有朋友，监护人经常外出务工，得不到及时帮助；与其弟弟相邻居住，但关系非常紧张，平常没有沟通；其妹妹与服务对象关系很好，也是留守老人，平常需要照顾孙子，无法顾及照料服务对象；服务对象对外界有很大的戒备心，对村干部、帮扶人的帮扶抱有戒心，未能很好地获得正式支持；农村志愿服务缺乏，没有志愿者提供相应的服务。

社工着力培养农村志愿者，组织志愿者为服务对象提供日常生活服务，鼓励服务对象参与社区活动，经常与邻居及兄弟沟通。同时社工与服务对象共同回顾了整个服务过程，对服务过程中服务对象的改变及其现状给予鼓励和赞赏。

督导点评

社会支持网络理论认为，应当重视在问题中的个人的社会网络以及获得支持的程度，协助个人发展或维持社会支持网络，以丰富其应对生活压力事件的资源。而资源又可分为个人资源和社会资源，前者包括自我功能和应对能力，后者指个人的关系网络广度与网络中的人能够发挥支持功能的程度。一个人所拥有的社会支持网络越强大，就能够越好地应对各种来自环境的挑战。特别对于那些社会网络不足或者利用社会网络的能力不足的个体，社工致力于给他们必要的帮助，帮助他们扩大社会网络资源，提高其利用社会网络的能力。

而家庭支持网络是老年人社会支持网络的核心，主要由家庭中的配偶、子女以及其他亲属构成。家庭支持网络不仅是老年人主要的经济来源，更是老年人在生活照顾和精神抚慰方面不可或缺的资源。但是，对于分散供养的农村五保老人而言，家庭对于他们的保障功能十分有限，他们有着特殊的家庭背景，要么没有子女，要么是单身。他们只能跻身于家族的庇护之下，但如今家族观念对人们的影响与约束越来越少，加之许多农村青壮年进城务工，家族照顾实际上已经名存实亡了。由此，家庭支持网络对于五保老人很难发挥应有的功能和作用。

在本案例中，服务对象是农村分散供养特困老人，视力一级残疾，无儿无女，没有一个朋友，监护人经常外出务工，其妹妹也无法为其提供帮助，个人及家庭网络严重缺失。因此，社工从社会支持理论视角出发，协助服务对象提升自我应对能力，增强服务对象的社会支持网络。

同时，社工应协助民政部门建立健全各区（县）民政局、街道（乡、镇）以及相关部门协同配合、群团组织积极参与、村民委员会和老年协会发挥骨干作用、社会力量广泛参与的农村留守老年人、分散供养特困老年人关爱服务工作机制。

本案例中的杨青礼存在以下几种需要：1. 居家安全需要；2. 心理辅导需要；3. 生活保障需要；4. 缓和杨青礼兄弟间紧张关系需要；5. 完善社会支持网络系统需要。社工针对杨青礼的需求进行一一分析，制定服务策略，从而回应了杨青礼的众多需求。

相关政策法规（节选）

农村分散供养特困老年人。农村留守老年人、分散供养特困老年人是社会中相对困难的群体，大都存在生活来源少、生活照料靠自己或配偶间扶持、缺少精神关爱等问题。特指："三无"人员（城市无劳动能力、无赡养人抚养人、无经济来源）及农村五保供养对象中未进入养老福利院或农村敬老院等养老机构的财政供养人员。

广西人社生存认证流程。

认证渠道：1.已人脸建模人员可登录"老来网"手机App、互联网（目前仅支持领取养老保险待遇人员认证）等线上渠道自助认证。2.未建模人员可登录"老来网"手机App自助建模，或就近到区内街道、社区、社保经办机构窗口完成首次建模认证。

认证操作步骤：（手机App认证）1.打开老来网手机App，注册账号（如已注册可直接登录）。2.注册、登录成功之后，在App"首页"选择"社保认证"。3.添加参保人信息。若此界面没有已添加的参保人信息，点击【添加参保人】。选择"参保地""广西"和对应的"参保险种"。按提示输入姓名、身份证号、联系号码，点击"提交"。确认绑定信息成功后，可点击"开始认证"。4.自助建模。如果参保人在社保局没有建模照片，App会提示"未查询到您的建模信息"，参保人可以点击"人脸建模"，进行拍照建模。建模照片与公安部照片比对，比对成功即建模成功，不需要社保经办机构审核。如果建模不成功，需要到社保机构或社区现场拍照建模。5.认证完成。如果已经有建模信息或者完成自助建模，可以直接点击"开始认证"按照语音提示完成动作后，提示操作完成，点击"查看认证结果"查看是否认证成功。6.查看认证记录。点击"社保认证""认证记录"查看认证结果。认证记录显示"认证成功"字样，表示本次认证通过。

牵手向未来，幸福添活力

——福利院老年人自我增能小组

城市集中供养特困老年人

生活在桂林市福利院的老年人的生存需要和安全需要已经得到了满足，但是福利院的老年人大都是年纪比较大、腿脚不是很灵活才住进福利院的，身体健康的老年人偶尔还能外出走走，行动不便的就只能待在房间里，工作人员有空了才能推他们到楼下逛，日常起居需要护理员照料。

由于老年人常常只能在房间、活动室、院子等地方走动，很少出门到外面，较少接触外面的人和事，入院以后得到的家人、朋友的关注也有所减少，社交需求没能得到满足。老人的自尊和自我实现的需求无法得到满足。

因此，社工需要满足老年人社交、自尊、自我实现的需要，进一步帮助老年人在福利院生活得多姿多彩，提高对生活的满意度和幸福感。

快来看看有趣的小组活动

本次小组活动一共有11位老年人参加，每节小组活动保证出席9人，出席率为81.8%，本次小组参加者平均年龄为83岁，属于高龄长者，其中有3位老年人属于偏瘫患者，手脚不是很方便，其余8位老年人行动能力相对好一些。

主题／目标	具体内容	所需物资
主题：相互认识 目标：组员之间相互认识，组员和社工之间相互认识，建立良好的关系，与老年人一起制订小组契约，以便之后活动的开展	1. 相互认识 2. 小组简介 3. 组员签订小组协议书——"我们的约定" 4. 游戏：击鼓传球 5. 总结	小组协议书、小鼓、小球、水性笔
主题：回首昨天 目标：通过让老年人回忆过往的求学经历，调动老年人思考，与组员一起回忆过往的欢乐时光，引起大家共鸣的情绪和体会，有助于组员间关系的进一步发展，为后续活动开展做准备	1. 热身：手指操 2. 游戏：你来比画我来猜 3. 讨论：回忆自己的学生时代，自己以前是如何识字，如何求学的，组员之间是否有相同的过往经历能引起大家的共鸣 4. 总结	手指操的视频资料、40张词语卡片、水性笔
主题：倾听你我的流金岁月 目标：引导老年人回忆自己的职业生涯，让老年人明白自己也曾在工作岗位上兢兢业业，为祖国奉献自己的青春和汗水，帮助老年人增加自信心和荣誉感，减少无助和无力感	1. 热身：动动舌头　笑口常开 2. 讨论：跟组员一起分享自己以前的职业生涯和工作经历，让老年人意识到自己以前对工作的付出，组员之间相互肯定和称赞，相互支持和鼓励 3. 游戏：经典老歌大家唱 4. 总结	动动舌头的视频资料、50首经典老歌的音频资料

主题/目标	具体内容	所需物资
主题：我最亲近的人 目标：让老年人分享自己养育子女过程中的苦与乐，让老年人意识到儿女们成家立业也是自己人生的一种成功，帮助老年人增强自信心；组员间相互分享，互相沟通，有利于彼此感情的加深	1. 热身：全身拍打操 2. 讨论：让老年人分享在养育子女中遇到的趣事或让人记忆犹新的经历，大家一起来分享自己家庭带给自己的快乐，引导老年人认识到把子女培养成人也是自己的一个伟大成就，从而相信自己是有能力的，减少无力感 3. 游戏：雾里看乐猜谜 4. 总结及评估	全身拍打操的视频资料、谜语50个
主题：点燃夕阳红 牵手向明天 目标：让组员之间倾诉彼此的心声，住在福利院有哪些不满意之处，社工尽量为老年人去解决，同时让老年人憧憬、畅想一下未来美好的晚年生活，培养对生活的乐观心态	1. 热身：耳保健操 2. 讨论：珍惜在福利院的欢乐时光，组员一起探讨如何共同携手去创造幸福快乐的晚年生活，还有什么想去做的事情或是想参加哪种类型的活动等。 3. 游戏：折纸乐趣多 4. 总结	耳保健操的视频资料、彩纸、剪刀、胶水
主题：回顾与总结 目标：回顾小组的活动历程，深化认识，巩固小组活动取得的成果，处理组员的离别情绪	1. 热身：听歌识曲 2. 回顾小组的活动历程，巩固组员间的友谊，继续保持相互分享、相互支持、相互鼓励的关系 3. 总结及组员合影留念	相机、30首经典歌曲

每一节小组，大家这样子"玩"

　　小组成员在第一次聚会时不知道小组对自己有什么作用，因而会产生疑惑。社工向组员说明小组的目标，解释社工自己的角色、小组成员的角色等问题。接着社工开始带领组员一起做热身游戏，缓解紧张的气氛，拉近社工与小组成员的距离，在社工的引导和带领下，社工与小组成员、小组成员彼此之间都建立了良好的关系，组员相处融洽。为了提高小组凝聚力，社工带领小组成员一起制订小组协议书，引导组员遵守保守秘密、彼此负责、开放与诚恳的原则，保持批评与自我批评的态度等，小组有了公认的目标，组员对小组产生期望，朝着共同的目标前进。

　　活动一开始，社工就组织组员进行"你来比画我来猜"的游戏，通过游戏增进彼此的感情。通过游戏，发现很多老年人都识字，而且都能用语言将文字描述出来，在享受游戏乐趣的同时社工及时引导组员谈论自己的学习生涯。很多老年人只读过小学，由于家里没有钱，因此被迫辍学去做工了，但是很多老年人都十分珍惜和想念以前的学生时代，老年人提起以前去学校时都是每天天还未亮就起床，要走很远的山路才能到学校，虽然很辛苦但是觉得很开心，感谢老师的悉心教导还有同学间纯真的友谊。组员都体会到了以前的乐趣。通过一起回忆过往的读书时光，共同的经历引起大家的共鸣，组员间的关系也得到进一步的发展。通过让老年人回忆过往的求学经历，让老年人珍惜现在的美好生活，从而使他们树立起积极乐观的生活态度，小组目标很好地完成了。

　　"倾听你我的流金岁月"，小组开展到这个阶段，组员之间基本上已经十分熟悉，因此本节活动当组员谈论自己的工作经历时，不再支支吾吾，每个组员都各抒己见，分享自己做过的各式各样的工作。老年人感慨以前的工作都很辛苦，修铁路、知青下乡、种田等，都是勤勤恳恳、扎扎实实地工作了一辈子。社工及时地引导老年人意识到自己的工作也是为国家的建设出了一份力，祖国现在的繁荣昌盛与他们的辛苦付出是分不开的，肯定自己的价值。国家现在发展好了，老人们的养老待遇也提高了，要好好享受新时代的晚年生活。老人们通过分享自己的工作经历，彼此间的沟通与互动进一步增强，组员与社工之间的关系也更加和谐。

　　"我最亲近的人"，本节是让组员回忆自己养育子女过程中的喜怒哀乐，每位组员都畅所欲言，谈起自己的儿子、女儿、（外）孙子、（外）孙女，脸上都洋溢出幸福的表情，觉得自己的儿女、（外）孙子、（外）孙女都很有出息，还很孝顺，会经常来福利院看望自己。社工试图引导组员意识到自己儿女如今取得的成就也是自己无悔地付出、教育有方的结果，进一步提升组员的有用感和尊严。有相似或是共同经历的组员就会谈论得更加投缘，组员之间会相互支持，情感得到进一步加深。

"点燃夕阳红 牵手向明天"，组员一起分享在福利院的生活，对于现有的生活，他们心里还是十分享受和珍惜的。社工引导组员说出福利院还需要完善的地方，组员说食堂的饭菜不够可口、平日组织的活动较少等，社工及时作出反馈并尽力跟有关部门协商帮老年人去解决。社工引导组员一起畅想未来，组员们对自己美好的晚年生活充满了期望，一起讨论未来的生活应该如何过得丰富多彩，组员们都各抒己见，表示在未来的日子里，大家相互支持、相互鼓励，相信自己有能力去把自己的生活过得充实、富足，能够实现老有所为、老有所乐。本节小组的目标很好地达成。

督导点评

本案例中的小组成员，都属于集中供养的类型。

我国的特困养老模式主要有集中供养和分散供养两种。第一种模式是分散供养模式。分散供养是指政府提供资金补助，特困对象不需要搬离原来的居住场所和生活环境、委托他人照料、在家生活的特困供养方式，就如前文我们所说的杨礼青的案例。

第二种模式是集中供养模式。这部分特困对象生活质量较高，但人数较少。相比分散供养，集中供养能够促使供养内容得到较好的落实。因此集中供养是我国多数地方政府推崇和鼓励的方式。但是集中供养方式也可能导致特困老年人的行动自由和生活习惯受到影响，导致特困老年人社会参与的阻隔，从而影响其身心健康和情感需求的满足。

马斯洛需求层次理论。生活在福利院的老年人的生存需要和安全需要已经得到了满足，但是由于老年人常常只能在房间、活动室、院子等地方走动，很少出门到外面，较少接触外面的人和事，社交需求没能得到满足；福利院的老年人大都是因为年纪比较大、腿脚不是很灵活才住进福利院的，日常起居需要护理员照料，老年人的自尊和自我实现的需求没有能得到满足。因此，社工需要满足老年人社交、自尊、自我实现的需要，进一步帮助老年人在福利院生活得多姿多彩，提高对生活的满意度和幸福感。

增能理论。增能是指个人在与他人及环境的积极互动过程中，获得更大的对生活空间的掌控能力和自信心，以及促进环境资源和机会的运用，以进一步帮助个人获得更多能力的过程。

本案例中，社工首先需要帮助老年人认识到其无力感并非由个人造成的，而是由社会环境产生的；社工可以帮助老年人认识到社工只是帮助他们解决问题的伙伴，而自己才是解决问题的主体，从而改变无力感；让老年人了解到自己虽然年纪大了，但是也是有能力、有价值的，社工通过共同的活动帮助老年人去除环境的压制和他们的无力感，使他们获得能力，并能正常发挥他们的社会功能。

人生回顾理论。人生回顾理论是一种根据老年人在老年期喜欢回顾往事的基本人格特征，通过回顾、评价及重整一生的经历，使人生历程中一些未被解决的矛盾得以剖析、重整，从而发现新的生命意义的心理和精神干预措施。研究证实，人生回顾有利于提高临终患者的身心健康。

本案例中，一面是院舍老年人社会地位与社会价值自我认可度不高、情绪低落的现实状况，另一面是老年人丰富多彩但被忽略的生命过往。社工通过设计小组活动内容，恰当地引导小组成员回顾往事，这对老年人的自信心和能力的提升有很大的帮助。

相关政策法规（节选）

《中华人民共和国民政行业标准：养老机构社会工作服务规范》（MZ/T 169—2021）中提出：社工开展适合老年人的文化、知识、技能、兴趣等教育活动，发挥老年人的潜能，增强个人能力；鼓励和支持老年人开展各种学习交流活动。

社工应识别老年人的认知和情绪问题，必要时协调养老机构中的其他专业人士，或者其他机构的专业人士，进行认知和情绪问题的评估或诊断。

社工为有需要的老年人提供心理辅导、情绪纾解、认知调节，帮助老年人缓解或减轻抑郁、焦虑、偏执、强迫症、人际关系敏感等心理问题的困扰。

温暖相伴，重燃生命之光

——失独单亲老年人帮扶个案

生命中不能承受的痛

65岁的冯阿姨有过两段婚姻，但是最后都以离异告终。而在第一段婚姻中的独生女也在10多年前因病过世。

女儿用过的东西，冯阿姨一样也舍不得丢。除了思念女儿之外，冯阿姨更迫切地感受到老之来临的孤独以及无依无靠的苦痛。

原来冯阿姨虽然经济收入较低，但是也有养老金，能够保证正常的生活，也租住着政府提供的公租房（7楼）。但是一场中风彻底把冯阿姨拉到痛苦的深渊，中风导致冯阿姨肢体三级残疾，需要辅助器具配合才能行走，精神的痛苦也给她带来了诸多的生理疾患，多种慢性疾病（高血压、帕金森等）、常年服药，导致身体状况较差，无法正常上下楼，生活起居存在一定的困难。

自从失去独生女后，冯阿姨甚少与外界接触，有两个姐姐在本市，但都有各自的家庭，有沟通但联系较少（冯阿姨的父母、弟弟已病故），缺少亲戚朋友关怀。害怕别人问起自己的孩子，很少出门跟人交往，也不愿意过多地去接触社会；每次出门看见别人的孩子，就会觉得难受、手抖，便匆匆回家，关上门独自流泪。

冯阿姨经常想："要是哪天突然在家中晕倒了，谁能扶我一把"，或是"病卧床上时，谁来照料"，对生活十分悲观。

老无所依到老有所依

社工通过运用真诚、倾听、接纳、尊重等工作技巧，帮助冯阿姨宣泄内心的苦楚，与冯阿姨建立信任、良好的专业关系，缓解其心理压力；提供心理疏导和情感支持，帮助冯阿姨缓解生活压力和心理压力；利用微信，社工和冯阿姨每天互动，以此关注冯阿姨的生活状况。冯阿姨也很高兴，主动每天发送平安信息给社工。同时社工寻求和整合各方面的资源，搭建社区邻里互助支持平台。

链接社区的非正式支持资源。社工链接附近生活超市送菜上门，解决冯阿姨上下楼困难导致买日常生活用品不方便的困难。链接志愿者为冯阿姨出行提供交通车辆。组织志愿者定期入户探访了解冯阿姨的生活情况、安全状态，实时关注冯阿姨的生活安全状况，为冯阿姨提供生活建议，提高其生活质量，减少意外发生，同时减轻冯阿姨的孤独和落寞感。

链接社区的正式支持资源。链接街道、社区、档案局、公房管理中心等部门为冯阿姨办理房屋置换（高楼层换到低楼层）提供相关的材料证明。同时链接康复医院为冯阿姨制订康复理疗计划，定期为她诊疗，减轻她的身体疾病痛苦，做好健康保障工作。

失独单亲家庭的特点

第一，失独家庭，没有子女，无人赡养，养老方面存在问题。

第二，年龄大了，行动不方便，社会参与度低，生活圈子小。

第三，心理孤独、压抑，特别是逢年过节的时候，看到别人阖家欢乐，心里的孤独感、失落感越发明显，心理压力和精神负担重，渴望亲情、温暖和爱。

第四，经济来源单一，经济压力大、收入微薄，主要是退休金，或者低保，无固定收入。

失独单亲家庭的主要需求

第一，情感需求：渴望亲情、温暖和爱。

第二，生活需求：维持正常生活，一日三餐，保证基本生活。

第三，社交需求：社会参与度低，社交生活圈子小。

本案例中，冯阿姨是典型的失独家庭，既无情感依赖点，也没有社会支持，没有愉悦的生活氛围。将其置于家庭、社区的系统中，都是处于失衡状态。

冯阿姨婚姻两度以失败告终，独生女儿也病故数年，经历痛苦，身心受挫。现更承受身体病痛、生活孤苦所带来的影响，造成冯阿姨的情绪低落，失去生活信心。

冯阿姨身患多种慢性病，需长期服药，同时肢体三级残疾，行动不便。随着年龄的增长，身体每况愈下，这直接影响冯阿姨的日常生活，甚至有可能会使其无法照料自己。

督导点评

社会支持理论亦称社会支持网络理论，它指出人生活在由个人接触所形成的关系网中，透过这些关系网使个人得以维持其认同，并获得情绪支持、物质救援、服务、信息、新的社会接触等。依据社会支持理论的观点，一个人所拥有的社会支持网络越强大，就能够越好地应对各种来自环境的挑战。以社会支持理论取向的社会工作，强调通过干预个人的社会网络来改变其在个人生活中的作用。社工致力于给他们以必要的帮助，帮助他们扩大社会网络资源，提高其利用社会网络的能力。

冯阿姨离异失独至今，只身一人面对身体残疾和生活困境。社工介入后加强构建冯阿姨的社会支持网络，为其开展全方位的心理疏导、人文关怀和生活援助服务，积极鼓励和引导其参加社会活动、合力帮助其尽快调整心态，重燃生命活力，重新融入社会，在社会的关爱中找到心灵慰藉，老有所乐。同时充分利用街道社区、社会工作服务、社会资源为其提供帮助。

"优势视角"是一种关注人的内在力量和优势资源的视角。意味着应当把人们及其环境中的优势和资源作为社会工作助人过程中所关注的焦点，而非关注其问题和病理。优势视角基于这样一种信念，即个人所具备的能力及其内部资源允许他们能够有效地应对生活中的挑战。

发掘冯阿姨的潜在能力，培养她的兴趣爱好，冯阿姨虽然肢体残疾，患有多种慢性疾病，但也有向往美好生活的意愿，有独立生活的能力和处理家庭事务的正常思维，相信冯阿姨有能力处理好自身的问题。根据冯阿姨的爱好和特长，提升她的自身优势，让冯阿姨在与他人的交流互动中，获得快乐和满足，从而改变人生态度，找到自己生命的意义。

相关政策法规（节选）

《中华人民共和国人口与计划生育法》第三十一条规定：在国家提倡一对夫妻生育一个子女期间，自愿终身只生育一个子女的夫妻，国家发给《独生子女父母光荣证》。获得《独生子女父母光荣证》的夫妻，按照国家和省、自治区、直辖市有关规定享受独生子女父母奖励。法律、法规或者规章规定给予获得《独生子女父母光荣证》的夫妻奖励的措施中由其所在单位落实的，有关单位应当执行。在国家提倡一对夫妻生育一个子女期间，按照规定应当享受计划生育家庭老年人奖励扶助的，继续享受相关奖励扶助，并在老年人福利、养老服务等方面给予必要的优先和照顾。第三十二条规定：获得《独生子女父母光荣证》的夫妻，独生子女发生意外伤残、死亡的，按照规定获得扶助。县级以上各级人民政府建立、健全对上述人群的生活、养老、医疗、精神慰藉等全方位帮扶保障制度。

《广西壮族自治区人口和计划生育条例（新修订）》第四十四条规定：领取《独生子女父母光荣证》的夫妻，其独生子女发生意外伤残或者死亡的，由县级人民政府给予一次性补助金，具体标准由县级人民政府制定。

社会工作介入老年服务实操路径的思考

老年社会工作服务应致力于实现"老有所养、老有所医、老有所为、老有所学、老有所乐、老有所教"的老龄工作目标。老年社会工作服务应遵循独立、参与、照护、自我实现、尊严的原则，促进老年人角色转换和社会适应，增强其社会支持网络，提升其晚年的生活和生命质量。

主要包括以下内容：

第一，评估老年人的基本物质生活条件和经济状况：是否能够满足当前的生活所需，是否能够维持正常的生活秩序。特别是空巢、高龄、失能、计划生育特殊家庭的老年人则更加需要做好需求评估。

第二，协助符合条件的老年人申请政府最低生活保障、特困人员供养、受灾人员救助、医疗救助、住房救助、临时救助等社会救助。

第三，协助有需要的老年人获得单位和个人等社会力量的捐赠、帮扶和志愿服务。

第四，协助有需要的老年人获得居家照顾和社区日间照料等服务。

第五，协助有需要的老年人申请机构养老服务。

第六，协调老年人的长期照护安排，特别是居家照顾、社区日间照料和机构照顾之间的衔接。

第七，为有需要的老年人及家庭申请政府与社会资助，为老年人提供防走失信息环、呼援通等救助设备。

第八，帮助老年人，特别是失能、失智等有需要的老年人及家庭申请政府与社会资助，改造室内照明、防滑措施、安装浴室扶手等，减少老年人跌倒等意外发生的风险。

第九，协助符合条件的老年人享受社区和机构的各项养老服务，获得老年人补贴和高龄津贴等。

在开展老年社会工作服务时，我们可以着重从以下七个方面进行。

一、做好政策宣传，完善社会保障制度

主要包括以下内容：研究、分析与老年人相关的法律法规及社会政策在制定和执行中的不完善与不合理内容，向相关职能部门提出政策完善建议；对社会公众进行教育、宣传，树立对老年人群体的客观、公正的社会评价。

因为知识水平的限制，大部分老年人对国家政策处于知之甚少的状态，即便是与自身利益息息相关的养老政策也是他们知识上的盲区。而社会基本养老保险则是我国社会养老保险体系的支柱，由国家依法强制实施，带有社会福利性质。社保能够保障老年人的基本生活需求，为老年人提供稳定可靠的生活来源。要建立、健全老年人社会保障制度，就一定要加强"全民参保"的宣传力度，宣传养老保险的优势，让大家意识到养老保险的重要性，提前做好养老防范工作。

我国现阶段农村社会养老保险完全自愿，只有在让广大老年人知晓这一政策的前提下才能做到自决。另外，为推动社会养老保险的推广，扩大受益队伍，还需要尽力简化参保手续，保障政策优惠落实到个人。推动现行社会保障体系的完善，加大资金投入，至少保障"空巢老人"的基本生活需求。

因此，社工可以通过养老知识的宣导，为服务对象提供基本生活指导。社工在开展服务工作的过程中，做好各项政策宣传和传达工作，协助民政部门做好养老防诈骗宣传、做好长者高龄生存津贴认证等工作，让政策顺利落地。

二、入户探访是关键，注意情感疏通

老年人由于社会角色的变化和随着年龄逐渐增长，生理机能的退化，情绪会产生波动，大多数时候也不懂得表达自己的情感，不会与身边的人进行沟通，经常会出现为了一些邻里间的小事或孙子辈的琐事而产生矛盾，这些不和谐因素都会影响老人们的情绪，影响他们晚年幸福生活。

社工在开展老年服务的时候，需要做好老年人认知和情绪问题的识别工作，必要时协调专业人士进行认知和情绪问题的评估或诊断；针对老年人的情绪问题，可以为有需要的老年人提供心理辅导、情绪纾解、认知调节，帮助老年人摆脱抑郁、焦虑、孤独感等心理问题困扰，协助老年人获得家属及亲友的尊重、关怀和理解。

社工可以联动乡政府、村委会的主要成员、志愿者进行老年人的入户探访工作，加强入户频率以便第一时间掌握老年人的需求，以解决其不断出现的生活难题。同时，通过多方联动，帮助老年人适应角色转变，重新界定老年生活价值，认识人生意义，激发其对生活的信心和希望，为老年人的晚年幸福生活营造和谐的氛围。

三、"五社联动"，加大资源整合

针对经济来源较少，收入低，难以满足基本生活需求的老年人，社工可以通过帮助扩大收入来源的方式增加老年人的经济收入。一方面，可以针对部分特殊个案申请政府救助金或相应补助，包括申请农

村低保、养老补助等；另一方面，可以协助有劳动能力的低龄老年人提升以劳动技能的方式来增加收入。比如，一些农村老年女性会做一些手工或编织工艺品，还有一些男性老年人会坚持从事农业生产来获取微薄收入。针对这些现象，社工可以帮助他们提高手工技能，或者进行市场销售，拓宽老年人的增收渠道。

社工还可以整合企业和社会组织，包括一些达人、志愿者参与老年人服务，整合社会资源加强乡村文化场所建设，利用节假日定期定性地开展服务活动和倡导尊老敬老等公益活动，为老年人提供精神上的支持，让老年人的晚年生活丰富多彩。通过利用社区资源开展社区活动，在丰富农村精神文化生活的过程中提高老年人的生活质量。

四、增强老年人自我照顾意识，做好社区照护

因为年龄的原因，老年人各项生理机能趋向衰退，同时老年人因养老知识的阙如，在应对突发性的生活事件时往往束手无策。社工在社区照护中需要着重注意帮助老年人处理各种生活事件，激发老年人应对和处理问题的潜能，提高其应对压力性事件的能力。

可以组织开展老年人能力评估，包括日常生活活动、精神状态、感知与沟通、社会参与等方面的内容，为老年人建立照顾档案；协助照顾者提升照顾技能；协调开展老年人居住环境安全评估；提供相应的心理疏导、能力提升、社会融入等服务；指导老年人了解自身健康状况能力，协同正规医院对老年人的身体状况进行例行检查，为老年人建立健康档案；开展健康养生指导类服务；开展老年人提高健康养生技能类活动。让他们对自身疾病以及可能出现的意外状况有一定的预知能力，并有相应的应对策略。

需要重点关注的是，当老年人面临危机的时候，社工需要及时进行危机干预。主要包括以下内容：识别并评估老年人所面临的危机，包括危机的来源、危害程度、老年人应对危机的能力、以往应对方式及效果等；统筹制订危机干预计划，包括需要干预的问题或行为、可采用的策略、可获得的社会支持、危机介入小组的建立及分工、应急演练、信息沟通等；及时处理最迫切的问题，特别是自杀、伤及他人等可能危及生命安全的行为问题。必要时，协调其他专业力量的支援，对伤害实施者进行身体约束或其他限制行为；进行危机干预的善后工作，包括对介入对象的回访、开展危机介入工作评估和小结、完善应急预案以预防同类危机的再发生等。

五、倡导居家养老，建立长效机制

搭建完善的社会支持系统，家庭和社会支持网络辅导。

根据当代社会学家费孝通的观点，我国农村社会的特质是"熟人社会"，作为初级群体的邻里之间来往频繁，因为不流动，有了相互信任的基础。在熟人之间容易动员邻里之间实行养老互助，实现资源的合理配置，社工可以在此过程中作为资源整合者，进行社区动员和社区倡导。可以充分利用社区居民，帮助农村"空巢老人"解决在经济、精神、照料、医疗方面的一系列问题，通过调动邻里之间的互助积极性，促进村民之间的自助和互助。老年人自身也要在观念上作出改变，克服对子女的依赖心理，向外发展，多参与集体活动，提高生活质量。特别是农村"空巢老人"生活相对封闭，局限于一家之中，使得自身性格也相对封闭孤僻，社工可以开展"服务送到村"，从而进行弥补，用丰富多彩的农村集体生活为老年人的生活增添色彩，帮助其排遣负面情绪。

随着经济社会的发展以及西方养老观念的影响，我国家庭养老的功能在逐渐弱化。因此可以以村庄为载体，协助村民进行养老互助，村庄养老不仅能够为"空巢老人"提供全面的生活照料，而且符合老年人就近养老的心愿，更符合中国人安土重迁的生活习性。通过动员"空巢老人"相互之间的自助和互助，低龄老年人帮助高龄老年人、经济条件好的老年人帮助经济条件差的老年人、健康老年人帮助患病老年人，可以提高老年人的自我价值感，而消除老年人无用的负面心理情绪，同时很好地利用了社区资源，推动社区养老功能的完善，解决了"空巢老人"的养老问题。

老年人无论是在生活上、精神上、身体上都缺乏和子女的沟通，帮助老年人释放压力、缓解不满情绪，搭建完善的社会支持网络，有助于促进老年人相互理解、相互帮助，克服孤独感、失落感。通过同辈之间的相互支持，老人们的自助和互助意识得到提高，发现自身的潜能，生活中遇到的问题可以通过自己的力量来解决，也鼓励老年人主动和子女沟通，改善与子女的关系；帮助老年人进行自我调节，发挥自己的最大潜能。

主要包括以下内容：协助老年人处理与配偶的关系，协助老年人处理与子女等的家庭内代与代的关系，提供老年人婚恋咨询和辅导。对老年人的社会支持网络进行评估，包括个人层面可给予支持的人数、类型、距离及所发挥的功能，以及社区层面老年人群的问题与需求、资源配置情况及需求满足情况；综合使用各种策略以强化老年人社会支持网络，包括个人增能与自助、家庭照顾者支持、邻里互助、志愿者链接、增强社区权能等。

六、搭建社区服务平台

丰富老年人的精神文化生活，为老年人提供情感支持，要积极组织老年人参与文化教育活动，主要包括以下内容：开展适合老年人的文化、体育、娱乐等各项活动，组建老年人兴趣团体，提升老年人的社会活跃度，丰富老年人的社会生活；组织老年人积极参与各项志愿服务，培育老年志愿者队伍，发展老年志愿服务团体；支持老年人参与社区协商，为社区发展出谋划策；拓展老年人沟通和社区参与的渠道，促进老年人群体的社会融合；评估老年人兴趣爱好及教育需求；推动建立老年大学、老年学习社等多种类型的老年人学习机构和平台；开展有关心理、健康教育、文化传统、安全防范、新兴媒介使用等方面的学习培训课程；鼓励和支持老年人组建各种学习交流团体，开展各种学习研讨活动，扩大老年人的社会交往范围；鼓励老年人将学习成果转化运用和传承，鼓励代与代之间相互学习、增进理解；开展社会宣传和公众教育活动，防止老年人受到歧视、侮辱和其他不公平、不合理对待。

七、做好老年人临终关怀工作

主要包括以下内容：

开展生命教育，帮助老年人树立理性的生死观；协调医护人员做好临终期老年人的生活照料和痛症管理；密切关注老年人的情绪变化，提供相应的心理支持；协助老年人完成未了心愿及订立遗嘱、器官捐献等法律事务；协助老年人及家属、亲友和解和告别等事宜；协调为老年人提供精神层面的支持；为有需要的老年人及家属提供哀伤辅导服务。

老年社会工作者可根据实际情况综合运用个案工作、小组工作、社区工作等社会工作直接服务方法及社会工作行政、社会工作研究等间接方法。具体服务手段包括但不限于：

缅怀治疗：老年社会工作者协助老年人缅怀过去，回忆以往的正面事件并找回感受，从正面的角度去理解和面对过去的失败与困扰，从而肯定自己，适应现在的生活状况。主要适用于帮助老年人缓解抑郁、轻度失智等问题。

人生回顾：老年社会工作者引导老年人进行生命重温，帮助老年人处理在早期生活中还没有妥善处理的问题，从而解开他们长期的心结。主要适用于帮助老年人处理长期的情绪问题。

现实辨识：老年社会工作者通过向老年人提供持续的刺激和适当的环境提示，帮助他们确认时间、方位或者人，与现实环境接轨。主要适用于预防及缓解老年人轻度到中度认知混乱、记忆力衰退、痴呆等早期病征。

动机激发：老年社会工作者通过协助老年人接触他人、参加群体活动，激发老年人对现在和未来生活的兴趣。主要适用于预防、缓解老年人社交能力受损、负面情绪等。

园艺治疗：老年社会工作者组织和协助老年人参与园艺活动，接触自然，舒缓压力，复健心灵。主要适用于预防和缓解老年人身体和精神的衰老。

照顾管理：老年社会工作者综合评估老年人的需求，并计划、统筹、监督、再评估和改进服务，实现对老年人持续、全面的照顾。主要适用于需要长期照护的老年人，以及具有多重问题和复杂需求的老年人。

第三章

未成年人保护案例

　　未成年人保护关乎亿万家庭的幸福。2023年3月17日《未成年人司法社会工作服务规范》（GB/T 42380-2023）开始实施，更是提出未成年人"六大保护"，即家庭保护、学校保护、社会保护、网络保护、政府保护、司法保护。

　　实践中，一些复杂的未成年人案件处理，涉及多个环节，牵涉部门较多，工作任务繁重，专业要求很高，单靠某个部门难以完成。

　　乡镇（街道）社工站社会工作者参与其中，提供危机干预、生命教育、成长辅导等服务，为广西壮族自治区的未成年人提供全方位的服务和支持，为未成年人的健康成长起到了保驾护航的作用。

"谁来救救我们?"

——社工帮扶遭受家暴的儿童改变困境

"偷",是为了不被冻死

2020年12月,寒冬腊月里,A县幼儿园发生了一起偷窃事件,一名10岁女孩翻墙进幼儿园偷了两床被子。幼儿园老师一路追随这名女孩来到学校后门。

而眼前的一幕让老师大吃一惊,甚至感到心痛。4个小孩蜷缩在地上,双手紧紧抓住刚偷来的被子将其裹在发抖的身上。尽管如此,也掩盖不住4个孩子身上斑驳的伤痕。那名偷被子的女孩哭着对老师说:"老师,对不起,再不偷被子我的弟弟妹妹就要冻死了!"老师问他们为什么不回家,女孩说"我们不敢回家",因为一回家就会被醉酒的爸爸"往死里打"。

"谁来救救我们"

老师从孩子慌乱无助的眼神里,感受到他们迫切的求救信号——

"谁来救救我们？谁来救救我们！"

老师随即联系乡镇政府。乡镇（街道）社会工作服务站的社工马上介入。社工实地探访后，根据《中华人民共和国未成年人保护法》的规定，立即为这4名受家暴的孩子报案。报案后警方立即对施暴父亲立案侦查，并实施刑事拘留，从施暴源头掐断对孩子的暴力侵害。而他们的母亲早已因受不了多年的家暴而离开家，一直联系不上，孩子没有监护人照料，于是，社工联同当地民政局对兄妹4人进行临时生活安置。

寻找兄妹4人的生活过渡

结束临时安置点的生活，兄妹4人回到自己家中，家中无大人，"谁来照顾他们？"随后社工调动其家附近的志愿者开展了"常态化陪伴服务"，志愿者教孩子们基础的生活技能，给孩子们准备饭菜，辅导孩子们完成寒假作业。年关将至，通过社工的努力，四兄妹的叔叔终于同意将孩子接回自己家中一同过年。

培养兄妹4人的生活能力

兄妹三人周一至周五在乡里的中心小学寄宿，周五晚上回家；小弟周一至周五在乡里幼儿园上学，晚上则寄宿在老师家里。一到周末，社工就来到四兄妹家中，协助他们制订并实施日常生活及家务分工计划，哥哥姐姐负责轮流值日做饭。洗漱方面，哥哥带领弟弟，姐姐带领妹妹。社工发现，哥哥姐姐习得了父亲的"暴力沟通方式"，于是社工开始引导四兄妹学习"非暴力沟通"，引导哥哥姐姐不对弟弟妹妹"体罚"。

落实有效监护，妈妈回归家庭

日子一天天过去，社工发现上小学的三兄妹经常旷课逃学，私自跑到学校外面玩，并且重新出现偷盗行为，社工评估"他们需要监护人"。但其父亲因虐待罪，已被判处有期徒刑1年10个月，其母亲已离开A县，家中亲友也无人愿意照料兄妹4人。为了解决有效监护的问题，社工联动各个部门向A县人民法院提起民事诉讼，请求撤销其父亲对4个孩子的监护权。最终，A县人民法院就此案作出判决，撤销其父亲对4个孩子的监护权，并依法将监护权转移给其母亲。

四兄妹的妈妈早已改嫁B县，社工联系她时，她说："我养不起、养不了。"社工继续联系，到外县与四兄妹的妈妈和外婆开展了一次次面谈。经过一个多月的努力和沟通，终于，四兄妹的妈妈和外婆同意将孩子接去B县居住。于是社工联同志愿者一起将孩子从A县送到B县，"孩子与妈妈团圆了"。

远离暴力，重启生活

四兄妹来到B县后，社工联同各部门为四兄妹办理了转学手续，还为他们申请了低保以及助学金，使他们的生活得到了基本的保障。之后，社工还是会不定期通过电话联系四兄妹的母亲、外婆以及学校老师了解孩子的现状，并委托当地的志愿者定期到四兄妹家中探访。从此，四兄妹远离了暴力，开启了全新的生活！

督导点评

危机干预。危机，是社会工作的一个焦点，在生活中时常发生。因家暴流落街头，对于儿童来说就是一个生活危机，社工可以运用危机干预模式开展系列工作。对于受家暴儿童的危机介入，社工首先要确保儿童的"生命安全"。社工可以通过评估儿童受家暴程度是否达到虐待级别，遭遇哪些身体虐待或性虐待（虐待的部位、方式、频率），儿童是否缺乏及时的医疗救助或者物资救助来维持基本生活等直接威胁到生命安全的情况，及时采取对应措施将儿童的生命威胁降到最低。

其次，社工需要确保儿童的"环境安全"，儿童如果还处于暴力或者危险施害者的附近，或者处于无人照料状态，要将儿童转移到安全的地方，并考虑由谁来提供交通、场所环境布置、临时照料的帮助。在这一点上，社工可以充分调动起民政部门、公安局、救助站等单位的力量，确保儿童从转移到完成安置照料的全程环境安全。

社会支持网络的构建。人类生命发展历程都会遭遇一些可预期和不可预期的生活事件。遭遇生活事件时，需要调动身边资源以应对困境。有效的社会支持不仅需要有计划的正式支持群体，而且需要使"非正式的"或者"原生的"照顾者去帮助那些有需要的家庭成员或者邻居。

从某种意义上来说，受家暴儿童之所以会长期遭受家庭暴力的伤害和折磨，这与他们本身缺乏或不能很好地运用社会支持网络有很大的关系。因此，为了有效解决儿童遭受家庭暴力的问题，构建和完善属于他们自身的社会支持网络就变得非常重要。

因此，社工首先需要评估儿童社会支持网络的现状和问题，协助其整合社会资源，充分发挥儿童正式资源和非正式资源的支持力量。

比如调动儿童所在地政府部门、社区／村委、社会工作服务机构、志愿者团队以及服务对象的家人、街坊邻居、老师等资源共同为服务对象构建和完善社会支持网络。

相关政策法规（节选）

《中华人民共和国未成年人保护法》第十一条规定：任何组织或者个人发现不利于未成年人身心健康或者侵犯未成年人合法权益的情形，都有权劝阻、制止或者向公安、民政、教育等有关部门提出检举、控告。国家机关、居民委员会、村民委员会、密切接触未成年人的单位及其工作人员，在工作中发现未成年人身心健康受到侵害、疑似受到侵害或者面临其他危险情形的，应当立即向公安、民政、教育等有关部门报告。

《中华人民共和国反家庭暴力法》第十四条规定：学校、幼儿园、医疗机构、居民委员会、村民委员会、社会工作服务机构、救助管理机构、福利机构及其工作人员在工作中发现无民事行为能力人、限制民事行为能力人遭受或者疑似遭受家庭暴力的，应当及时向公安机关报案。公安机关应当对报案人的信息予以保密。

《关于建立侵害未成年人案件强制报告制度的意见（试行）》第四条指出，本意见所称在工作中发现未成年人遭受或者疑似遭受不法侵害以及面临不法侵害危险的情况包括：

（一）未成年人的生殖器官或隐私部位遭受或疑似遭受非正常损伤的；

（二）不满十四周岁的女性未成年人遭受或疑似遭受性侵害、怀孕、流产的；

（三）十四周岁以上女性未成年人遭受或疑似遭受性侵害所致怀孕、流产的；

（四）未成年人身体存在多处损伤、严重营养不良、意识不清，存在或疑似存在受到家庭暴力、欺凌、虐待、殴打或者被人麻醉等情形的；

（五）未成年人因自杀、自残、工伤、中毒、被人麻醉、殴打等非正常原因导致伤残、死亡情形的；

（六）未成年人被遗弃或长期处于无人照料状态的；

（七）发现未成年人来源不明、失踪或者被拐卖、收买的；

（八）发现未成年人被组织乞讨的；

（九）其他严重侵害未成年人身心健康的情形或未成年人正在面临不法侵害危险的。

从夏天到春天，温暖一直在她身边

——社会支持理论介入贫困儿童个案分析

夏天，"说谎"才能得到 100 元的生活费

社工和平常一样开展入户探访服务，这次走访的是一个 5 口之家的残疾人家庭，映入眼帘的是一个身形瘦弱、下巴尖细、面色蜡黄，没有什么血色，头发天生的自然卷，穿着打扮显得十分凌乱邋遢的 15 岁女孩，女孩的名字叫小连（化名）。小连有一个 22 岁的哥哥在外打工，17 岁的姐姐和 10 岁的妹妹不能与人沟通。社工与小连交谈了解到，小连的父亲已经去世，母亲是智力障碍一级，小连对社工讲道："平时向哥哥要生活费很艰难，需要'说谎'哥哥才会微信转账 100 元左右。"

秋天，我申请到了事实无人抚养儿童津贴

将小连的信息进行整理，并查阅相关政策后，社工评估小连符合事实无人抚养儿童。可社工对于小连是否已经领取事实无人抚养儿童政策的相关补贴不得而知，于是对接民政部门查询看到小连三姐妹并

未在系统中，社工立即协助小连递交申请材料，获取事实无人抚养儿童津贴。

冬天，我真正获得了使用津贴的权利

原以为有了津贴，小连三姐妹的日常生活就会有所保障，但事实并非如此。在申请后，社工到小连家里时小连对社工说："哥哥最近没有转钱，没有钱买菜了。"社工从小连的微信转账记录看到，小连的哥哥近两个月只转了300元钱让小连购买日常所需，津贴并没有主要用到小连三姐妹身上。社工了解后立即开展介入，首先与小连的哥哥取得联系，告知其事实无人抚养儿童补贴是用于改善三姐妹的日常生活的。但情况没有好转，于是在小连的同意下，协助小连的二伯提交换卡申请，将津贴转至小连本人银行卡，今后由小连自己保管三姐妹的津贴。

春天，我成了家的"小主人"

好景不长，便发生了"哥哥再次转走津贴"的事件。社工将三姐妹的情况上报社区，让三姐妹获得社区支持。社工也与小连一同规划津贴的使用。每月津贴到账后立即购置生活所需用品，保证有1个月的充足伙食。剩余的钱，小连可以为家里姐妹添置衣服。社工协助小连学习生活技能，小连逐渐能够自己独立购买家庭日常生活所需物资。社工还链接边县干部职工第一食堂承包企业对小连姐妹定期帮扶，保障她们的营养摄入。

2022年4月，历时8个月的服务，小连不再是那个邋遢、吃不饱的小女孩，她已经成长为家里的"小主人"，她学会了规划家庭物资，担当起家庭照顾者的角色，并在努力成为姐姐与妹妹更强大的后盾。

督导点评

社会支持理论取向的社会工作，强调通过干预个人的社会网络来改变其在个人生活中的作用。特别是针对那些社会网络资源不足或者利用社会网络能力不足的个体，社工致力于给他们以必要的帮助，帮助他们扩大社会网络资源，提高其利用社会网络的能力。贫困儿童属于个人资源和社会资源不足的个体。所以，在开展此类对象服务时，社工可以扩大其社会网络资源并增强网络中的人对其支持的程度，弥补社会资源不足。例如在链接家属、政府、企业等帮扶时，要有意识地增加儿童与帮扶人员的交流联结，这样才能更大程度发挥支持人员进行补助办理、物质支援、监护照料等帮扶。

在个人资源方面，社工需要提高贫困儿童利用社会资源的能力，并在此过程中协助其重塑家庭角色，在获得家庭支持的同时，提升个人能力，从而提高其应对挑战的能力。

相关政策法规（节选）

《关于进一步加强事实无人抚养儿童保障工作的意见》（民发〔2019〕62号）。
各省、自治区、直辖市民政厅（局）、高级人民法院、人民检察院、发展改革委、教育厅（教委）、公安厅（局）、司法厅（局）、财政厅（局）、医保局、团委、妇联、残联，新疆生产建设兵团民政局、新疆维吾尔自治区高级人民法院生产建设兵团分院，新疆生产建设兵团人民检察院、发展改革委、教育局、公安局、司法局、财政局、医保局、团委、妇联、残联：

为深入学习贯彻习近平新时代中国特色社会主义思想，全面贯彻党的十九大和十九届二中、三中全会精神，认真落实习近平总书记关于民政工作的重要指示精神，坚持以人民为中心的发展思想，聚焦脱贫攻坚，聚焦特殊群体，聚焦群众关切，推动落实《国务院关于加强困境儿童保障工作的意见》（国发〔2016〕36号）要求，进一步加强事实无人抚养儿童保障工作，提出如下意见：

一、明确保障对象

事实无人抚养儿童是指父母双方均符合重残、重病、服刑在押、强制隔离戒毒、被执行其他限制人身自由的措施、失联情形之一的儿童；或者父母一方死亡或失踪，另一方符合重残、重病、服刑在押、强制隔离戒毒、被执行其他限制人身自由的措施、失联情形之一的儿童。

以上重残是指一级二级残疾或三级四级精神、智力残疾；重病由各地根据当地大病、地方病等实际情况确定；失联是指失去联系且未履行监护抚养责任6个月以上；服刑在押、强制隔离戒毒或被执行其他限制人身自由的措施是指期限在6个月以上；死亡是指自然死亡或人民法院宣告死亡，失踪是指人民法院宣告失踪。

二、规范认定流程

（一）申请。事实无人抚养儿童监护人或受监护人委托的近亲属填写《事实无人抚养儿童基本生活补贴申请表》，向儿童户籍所在地乡镇人民政府（街道办事处）提出申请。情况特殊的，可由儿童所在村（居）民委员会提出申请。

（二）查验。乡镇人民政府（街道办事处）受理申请后，应当对事实无人抚养儿童父母重残、重病、服刑在押、强制隔离戒毒、被执行其他限制人身自由的措施、失联以及死亡、失踪等情况进行查验。查验一般采取部门信息比对的方式进行。因档案管理、数据缺失等原因不能通过部门信息比对核实的，可以请事实无人抚养儿童本人或其监护人、亲属协助提供必要补充材料。乡镇人民政府（街道办事处）应当在自收到申请之日起15个工作日内作出查验结论。对符合条件的，连同申报材料一并报县级民政部门。对有异议的，可根据工作需要采取入户调查、邻里访问、信函索证、群众评议等方式再次进行核实。为保护儿童隐私，不宜设置公示环节。

（三）确认。县级民政部门应当在自收到申报材料及查验结论之日起15个工作日内作出确认。符合条件的，从确认的次月起纳入保障范围，同时将有关信息录入"全国儿童福利信息管理系统"。不符合保障条件的，应当书面说明理由。

（四）终止。规定保障情形发生变化的，事实无人抚养儿童监护人或受委托的亲属、村（居）民委员会应当及时告知乡镇人民政府（街道办事处）。乡镇人民政府（街道办事处）、县级民政部门要加强动态管理，对不再符合规定保障情形的，应当及时终止其保障资格。

三、突出保障重点

（一）强化基本生活保障。各地对事实无人抚养儿童发放基本生活补贴，应当根据本地区经济社会发展水平以及儿童关爱保护工作需要，按照与当地孤儿保障标准相衔接的原则确定补贴标准，参照孤儿基本生活费发放办法确定发放方式。中央财政比照孤儿基本生活保障资金测算方法，通过困难群众救助补助经费渠道对生活困难家庭中的和纳入特困人员救助供养范围的事实无人抚养儿童给予适当补助。生活困难家庭是指建档立卡贫困户家庭、城乡最低生活保障家庭。已获得最低生活保障金、特困人员救助供养金或者困难残疾人生活补贴且未达到事实无人抚养儿童基本生活保障补贴标准的进行补差发放，其他事实无人抚养儿童按照补贴标准全额发放。已全额领取事实无人抚养儿童补贴的儿童家庭申请最低生活保障或特困救助供养的，事实无人抚养儿童基本生活补贴不计入家庭收入，在享受低保或特困救助供养待遇之后根据人均救助水平进行重新计算，补差发放。已全额领取事实无人抚养儿童补贴的残疾儿童不享受困难残疾人生活补贴。

（二）加强医疗康复保障。对符合条件的事实无人抚养儿童按规定实施医疗救助，分类落实资助参保政策。重点加大对生活困难家庭的重病、重残儿童救助力度。加强城乡居民基本医疗保险、大病保险、医疗救助有效衔接，实施综合保障，梯次减轻费用负担。符合条件的事实无人抚养儿童可同时享受重度残疾人护理补贴及康复救助等相关政策。

（三）完善教育资助救助。将事实无人抚养儿童参照孤儿纳入教育资助范围，享受相应的政策待遇。优先纳入国家资助政策体系和教育帮扶体系，落实助学金、减免学费政策。对于残疾事实无人抚养儿童，通过特殊教育学校就读、普通学校就读、儿童福利机构特教班就读、送教上门等多种方式，做好教育安置。将义务教育阶段的事实无人抚养儿童列为享受免住宿费的优先对象，对就读高中阶段（含普通高中及中职学校）的事实无人抚养儿童，根据家庭困难情况开展结对帮扶和慈善救助。完善义务教育控辍保学工作机制，依法完成义务教育。事实无人抚养儿童成年后仍在校就读的，按国家有关规定享受相应政策。

（四）督促落实监护责任。人民法院、人民检察院和公安机关等部门应当依法打击故意或者恶意不履行监护职责等各类侵害儿童权益的违法犯罪行为，根据情节轻重依法追究其法律责任。对符合《最高人民法院 最高人民检察院 公安部 民政部关于依法处理监护人侵害未成年人权益行为若干问题的意见》（法发〔2014〕24号）规定情形的，应当依法撤销监护人监护资格。对有能力履行抚养义务而拒不抚养的父母，民政部门可依法追索抚养费，因此起诉至人民法院的，人民法院应当支持。民政部门应当加强送养工作指导，创建信息对接渠道，在充分尊重被送养儿童和送养人意愿的前提下，鼓励支持有收养意愿的国内家庭依法收养。加大流浪儿童救助保护力度，及时帮助儿童寻亲返家，教育、督促其父母及其他监护人履行抚养义务，并将其纳入重点关爱对象，当地未成年人救助保护机构每季度应当至少组织一次回访，防止其再次外出流浪。

（五）优化关爱服务机制。完善法律援助机制，加强对权益受到侵害的事实无人抚养儿童的法律援助工作。维护残疾儿童权益，大力推进残疾事实无人抚养儿童康复、教育服务，提高保障水平和服务能力。充分发挥儿童福利机构、未成年人救助保护机构、康复和特教服务机构等服务平台作用，提供政策咨询、康复、特教、养护和临时照料等关爱服务支持。加强家庭探访，协助提供监护指导、返校复学、落实户籍等关爱服务。加强精神关爱，通过政府购买服务等方式，发挥共青团、妇联等群团组织的社会动员优势，引入专业社会组织和青少年事务社工，提供心理咨询、心理疏导、情感抚慰等专业服务，培养健康心理和健全人格。

四、强化保障措施

（一）加强组织领导。各地要充分认识推进事实无人抚养儿童保障工作的重大意义，将其作为保障和改善民生的重要任务，及时研究解决事实无人抚养儿童保障工作中存在的实际困难和问题。抓紧制定政策措施，切实贯彻与当地孤儿保障标准相衔接的原则要求，加强与相关社会福利、社会救助、社会保险等制度有效衔接，做到应保尽保、不漏一人。落实工作责任，明确职责分工，细化业务流程，健全跟踪调研和督促落实机制，确保事实无人抚养儿童保障工作顺利推进。

（二）加强部门协作。民政部门应当履行主管部门职责，做好资格确认、生活补贴发放、综合协调和监督管理等工作。对认定过程中处境危急的儿童，应当实施临时救助和监护照料。人民法院应当对申请宣告儿童父母失踪、死亡及撤销父母监护权等案件设立绿色通道，及时将法律文书抄送儿童户籍地县级民政部门、乡镇人民政府（街道办事处），实现信息实时共享。人民检察院应当对涉及儿童权益的民事诉讼活动进行监督，必要时可以支持起诉维护合法权益，对有关部门不履行相关职责的应当提出依法履职的检察建议。公安部门应当加大对失联父母的查询力度，对登记受理超过6个月仍下落不明的，通过信息共享、书面函复等途径，向民政部门或相关当事人提供信息查询服务。财政部门应当加强资金保障，支持做好事实无人抚养儿童保障等相关工作。共青团应当充分动员青年社会组织和青少年事务社工，指导少先队组织，依托基层青少年服务阵地，配合提供各类关爱和志愿服务。妇联组织应当发挥村（居）妇联主席和妇联执委作用，提供家庭教育指导、关爱帮扶及权益维护等服务。公安、司法、刑罚执行机关在办案中发现涉案人员子女或者涉案儿童属于或者可能属于事实无人抚养儿童的，应当及时通报其所在地民政部门或乡镇人民政府（街道办事处）。民政、公安、司法、医疗保障、残联等部门和组织应当加强工作衔接和信息共享，为开展查验工作提供支持，切实让数据多跑路、让群众少跑腿。

（三）加强监督管理。健全信用评价和失信行为联合惩戒机制，将存在恶意弃养情形或者采取虚报、隐瞒、伪造等手段骗取保障资金、物资或服务的父母及其他监护人失信行为记入信用记录，纳入全国信用信息共享平台，实施失信联合惩戒。对于监护人有能力支配保障金的，补贴发放至其监护人，并由监护人管理和使用；监护人没有能力支配的，补贴发放至儿童实际抚养人或抚养机构，并明确其对儿童的抚养义务。财政、民政部门要加强资金使用管理，提高财政资金绩效，防止发生挤占、挪用、冒领、套取等违法违规现象，对存在违法违规行为的，要按照相关规定进行处理。

（四）加强政策宣传。充分利用报纸、电台、电视、网络等新闻媒体，大力开展事实无人抚养儿童保障政策宣传，使社会各界广泛了解党和政府的爱民之心、惠民之举，帮助事实无人抚养儿童及其监护人准确知晓保障对象范围、补助标准和申请程序。动员引导社会力量关心、支持事实无人抚养儿童帮扶救助工作，为儿童及其家庭提供多样化、个性化服务，营造良好氛围。

各省、自治区、直辖市可根据本意见精神，在 2019 年 10 月底之前制定完善本地事实无人抚养儿童保障政策，民政部将会同财政部等相关部门督促各地做好贯彻落实工作。

民政部　最高人民法院　最高人民检察院

发展改革委　教育部　公安部

司法部　财政部　医疗保障局

共青团中央　全国妇联　中国残联

2019 年 6 月 18 日

告别"黑户",扫清阴霾

——社工帮扶无户口儿童入户入学

在垃圾站玩耍的小禾

2020年9月,A市的一名市民发现经常有一名年龄八九岁的女童在垃圾站附近玩耍,且偶尔不穿上衣,从未见这名女童去上学。于是将该情况报告给当地救助站,由救助站转介给当地的社工机构。

没有户口寸步难行

社工开展入户走访,了解小禾的情况。小禾11岁,出生之后不久便一直由奶奶照顾,她与奶奶、二叔、小叔共同生活在环卫公司垃圾站的一间两居室里,两张木床是他们仅有的家具。父亲在县城打工,母亲在广东打工,均无法取得联系。由于出生之后并未及时办理《出生医学证明》,且《新生儿出院产科登记》也遗失,导致小禾的户籍登记迟迟无法落实。

"有户口才能上学。"户口,成了小禾依法享受教育权利最大的拦路石，也是横在小禾及其家庭头上的一片阴霾。

落实户籍登记，告别"黑户"身份

社工一直无法与小禾母亲取得联系。社工经过多渠道的了解，最后确定，小禾办理户籍登记需要派出所出具其《出生医学证明》以及与其父亲的亲子鉴定证明。

社工多次联系小禾父亲。"我没钱，办不了"，小禾父亲表示亲子鉴定费用过高，自己无法承担。小禾的奶奶、二叔、小叔等也纷纷表示没有经济能力为其出这笔钱。于是社工链接了爱心捐款及其他帮扶资助总共2250元，小禾父女俩终于成功进行了亲子鉴定，鉴定结果证明两人为生物学父女关系。

随后，社工与市救助站（未成年人保护中心）、派出所、区妇联、市卫生健康委等部门召开了联席会议。在各部门的协作下，社工帮助小禾补办相关手续，开具相关证明，最终顺利帮助小禾办理了户口登记，小禾就此告别"黑户"身份。

落实学籍信息，畅通入学之路

小禾终于办理了户籍登记，但是，如何在城区上学，又成了小禾及其家庭需要面对的一大问题。

社工与当地妇联、教育局多次跟进、反馈情况，相关部门为小禾开启绿色通道，畅通小禾入学道路。在多方共同努力下，小禾得以在居住地附近的公立小学就读。社工陪伴小禾进行报名登记、入学体检，办理入学手续、校服费减免申请，并进行了入学前心理辅导，小禾最终于9月入校学习，接受教育。在入学初期，社工还为小禾开展了心理辅导和情绪引导，帮助其尽快融入学校生活。

同步提升能力，护航儿童成长

在服务过程中，社工发现小禾在天气热的时候会脱掉上衣在家里走来走去，有时候甚至会光着上身跑到外面玩耍。缺乏"隐私"意识的她，可能会存在人身安全的隐患。于是社工开始对小禾进行保护隐私部位教育，提高她的自护能力和防性侵能力。

在入学前，社工也通过规律的辅导教学，培养小禾的学习习惯，改善其学习环境，邀请小禾参加志愿者服务等，一步步提升小禾的自学能力、自尊感和能力感。让小禾有能力去应对未来成长的挑战和困难。

扩大社会支持网络，筑牢儿童成长防线

社工为小禾链接了爱心人士和企业的资源，小禾获得了衣服、鞋子、学习用品、人力三轮车、床和衣柜、粮油、口罩、拼音学习机和书桌等物资，以及助学金及其他补贴等。协助小禾接种国家免疫规划疫苗，提高免疫水平。至此，小禾的衣、食、住、行、学等方面获得了有力保障，也让小禾与家庭有了前进的希望与力量！

督导点评

任务中心模式相信服务对象有解决其问题的能力与潜能，所以这一模式强调发挥服务对象本身的能动性。服务对象在界定问题与处理问题上有最后的决定权，他可以决定是否处理以及如何处理；同时服务对象在任务的执行上必须相当投入，主要靠自己的力量完成任务。因此在个案的服务跟进中，社工根据服务对象的需求，让服务对象及其家庭直面生活中所遇到的问题，具体分析问题后，再通过向服务对象提供完成任务所需的信息、建议和忠告，让服务对象了解完成任务的有效途径，鼓励服务对象采取积极行动，最终协助本文服务对象及家庭完成户籍办理和入学，提升服务对象自我保护与学习能力。需要强调的是，对于困境儿童，他们存在人生发展不成熟、先天条件不足等情况，资源不足成为他们关心但难以解决的问题。社工作为服务对象的支持系统，需要先协助他们解决资源不足的问题，减少儿童执行任务的阻力，才能调动其能动性，促进儿童获得解决问题的经验，达到提升儿童处理未来困难的能力的目的。

社会支持网络理论认为人无法自绝于社会而存在，人类生存需要与他人共同合作，以及依赖他人协助，人类生命发展历程都会遭遇一些可预期与不可预期的生活事件，遭遇生活事件时，需要资源以解决问题，人类通过与他人联结，构建社会整合感，社会支持网络可缓冲压力所带来的负面影响，增强社会困难群体的网络范围与支持功能。在个案服务过程中，社工协助服务对象整合梳理自身所掌握的资源，厘清正式社会支持与非正式社会支持，并分析现有和缺乏的，协助服务对象强化现有支持，挖掘缺乏支持，并积极利用各政府、民间组织等资源帮助服务对象解决自身所面临的问题，以此来扩大与巩固服务对象的社会支持网络。

相关政策法规（节选）

《中华人民共和国未成年人保护法》第三条规定：国家保障未成年人的生存权、发展权、受保护权、参与权等权利。未成年人依法平等地享有各项权利，不因本人及其父母或者其他监护人的民族、种族、性别、户籍、职业、宗教信仰、教育程度、家庭状况、身心健康状况等受到歧视。

第八十三条规定：各级人民政府应当保障未成年人受教育的权利，并采取措施保障留守未成年人、困境未成年人、残疾未成年人接受义务教育。对尚未完成义务教育的辍学未成年学生，教育行政部门应当责令父母或者其他监护人将其送入学校接受义务教育。

《国务院办公厅关于解决无户口人员登记户口问题的意见》（国办发〔2015〕96号）第二点第二条规定：未办理《出生医学证明》的无户口人员、在助产机构内出生的无户口人员，本人或者其监护人可以向该助产机构申领《出生医学证明》；在助产机构外出生的无户口人员，本人或者其监护人需提供具有资质的鉴定机构出具的亲子鉴定证明，向拟落户地县级卫生计生行政部门委托机构申领《出生医学证明》。无户口人员或者其监护人凭《出生医学证明》和父母一方的居民户口簿、结婚证或者非婚生育说明，申请办理常住户口登记。

"归家"

——社会工作介入流浪困境儿童个案

流浪的他跟她

A镇上10岁的"他"跟着13岁的姐姐在街上闲逛，整整两天没有回叔叔家，如今已经用光了从叔叔家偷偷拿的钱。

一碗米粉的交情

在开展外展服务的社工注意到了两姐弟，上前询问姐弟俩为什么这个时间段没有在学校上学。姐姐没有反应，弟弟躲在姐姐身后，探头用很不流利的普通话说道："你请我们吃米粉就告诉你。"社工带着两姐弟吃了米粉，知道了缘由。

担心被骂，选择流浪

原来姐弟俩的爷爷、奶奶、爸爸都已经去世了，妈妈有精神疾病已经走失很久了，姐弟俩现在跟着叔叔婶婶一起生活。因为家庭的情况，姐弟俩在学校经常被同学开玩笑，同学们也不跟他们玩，姐弟俩就经常结伴逃学、离家出走，每每离家出走都会偷取叔叔婶婶或者邻居家的钱，总被叔叔婶婶、邻居责骂。这次偷叔叔的钱担心被责骂不敢回叔叔家，一直在镇上流浪。

从流浪到返家

社工首先关注姐弟俩的流浪问题，运用接纳、同理心等方式，与姐弟俩建立良好的关系，成功劝说姐弟俩返回叔叔家。紧接着社工陪同姐弟俩回家，与叔叔婶婶进行面谈，解决姐弟俩的监护问题。在社工的耐心劝说下，叔叔婶婶表示愿意继续做姐弟俩的监护人，多关注姐弟俩的成长，履行好监护人的职责，并向社工说道：姐姐疑似患有精神障碍，但无奈家里经济不宽裕，没有带姐姐去看病。

姐姐的"精神障碍"得以治疗

"姐姐的精神状况若得不到专业的诊断与治疗将会越来越严重"，社工评估道，"及时就医"是姐姐目前最需要的。因此，社工立即联系当地精神专科医院，协助申请医疗救助，顺利把姐姐送到了专科医院接受专业精神治疗。

"去标签化"才能更好地生活

姐姐的病情与"精神障碍"家庭的背景让姐弟俩遭受议论、嘲笑，甚至是排挤。姐姐在医院接受治疗，弟弟一个人会不会更容易遭受非议？为了给弟弟营造一个友好的社区和学校环境，社工在学校和社区举办了多场精障知识科普活动，倡导大家理解和关爱精神障碍患者及家庭，同学和邻居明白精神疾病不是可怕的病，对弟弟及其家庭有了更多的理解。

弟弟也越来越好

有了友好的环境，弟弟自身还存在"学习力弱""自尊感低""不合群"的问题。社工借助榜样的力量，帮弟弟寻找自身的榜样，激发弟弟的改变动机。运用小组、活动的服务，让弟弟意识到自己的偷窃行为是错误的，并鼓励弟弟与同学及叔叔婶婶相处。同时链接家庭辅导、儿童书屋的资源，提高弟弟的学习兴趣和成绩。

姐弟俩重拾生活的希望

经过社工的多重努力，姐弟俩不再流浪，姐姐顺利获得专业治疗，弟弟顺利回归校园，他们有朋友一起玩耍，有家人的关爱与照护，姐弟俩的生活终于回归正轨。

督导点评

增能理论。很多的儿童出现"流浪""偷窃"等越轨行为的背后，可能是无力感而迫使他们形成了偏差、越轨的动作。不友好的环境或者群体让他们产生自卑、自尊感低等消极想法，体验到与人交往不愉快的感受，渐渐地就变得"不合群"。

所以社工在介入流浪或者有行为偏差的儿童服务时，更应该注重他们无力感的根源，通过小组、社区活动、团体辅导等群体服务，增加儿童与他人的互动，并注意营造安全、友好的环境，让儿童在其中找到价值感、自信心，减少儿童自身的偏差行为，儿童的能力在互动中也会得到增强。

相关政策法规（节选）

《国务院关于加强困境儿童保障工作的意见》（国发〔2016〕36号）第二点第四条规定：落实监护责任。对于失去父母、查找不到生父母的儿童，纳入孤儿安置渠道，采取亲属抚养、机构养育、家庭寄养和依法收养方式妥善安置。对于父母没有监护能力且无其他监护人的儿童，以及人民法院指定由民政部门担任监护人的儿童，由民政部门设立的儿童福利机构收留抚养。对于儿童生父母或收养关系已成立的养父母不履行监护职责且经公安机关教育不改的，由民政部门设立的儿童福利机构、救助保护机构临时监护，并依法追究生父母、养父母法律责任。对于决定执行行政拘留的被处罚人或采取刑事拘留等限制人身自由刑事强制措施的犯罪嫌疑人，公安机关应当询问其是否有未成年子女需要委托亲属、其他成年人或民政部门设立的儿童福利机构、救助保护机构监护，并协助其联系有关人员或民政部门予以安排。对于服刑人员、强制隔离戒毒人员的缺少监护人的未成年子女，执行机关应当为其委托亲属、其他成年人或民政部门设立的儿童福利机构、救助保护机构监护提供帮助。对于依法收养儿童，民政部门要完善和强化监护人抚养监护能力评估制度，落实妥善抚养监护要求。

《中国儿童发展纲要（2021—2030年）》中提出：加强流浪儿童救助保护工作。落实流浪儿童街面巡查和转介处置职责，依法依规为流浪儿童提供生活照料、身份查询、接送返回等服务。流出地县级政府建立源头治理和回归稳固机制，落实流浪儿童相关社会保障和义务教育等政策，教育督促流浪儿童父母或其他监护人履行抚养义务。依法严厉打击遗弃、虐待未成年人违法犯罪行为。

这个爸爸有点"茫"，司法社工来帮忙

——增能理论介入社区矫正个案

15岁的爸爸很迷茫

15岁的小明（化名），由于和未满14岁的小红发生了性关系，被以强奸罪判处有期徒刑二年，缓刑三年。小红诞下两个女儿，两个孩子跟着小明的爷爷奶奶生活。小明在社区矫正期间很少回家看望孩子，因为每次回去都要遭受周围邻居的闲言碎语。他无法面对自己已经成为一个父亲的现实，学习也变得十分恍惚，对于现在和未来的一切都感到迷茫无助。

迷茫的背后是病态的家庭结构

司法社工在与小明及其父母的交谈中看到，小明从小在充斥着"暴力"与"专制"的家庭中长大，小明会对抗父亲，疏离父母。生活在病态的家庭结构中，小明难以从家庭获得支持，就连"当爸爸"这个大事，父母是通过公安机关才知道的。但作为未成年人的小明，"家庭"

依旧是他最重要的归属，"改善亲子关系，获得家庭支持"成为破解其迷茫的关键。

所以社工邀请小明的父母参加亲职讲座、亲子关系辅导小组，改善沟通方式和育儿理念，引导父母在为小明提供支持的同时也学会"放手"；帮助小明学会与父母有效沟通。一家三口能够平等交流，逐渐改变原有的家庭沟通模式，构建非暴力沟通模式，将家庭的正面支持扩大，小明可以无后顾之忧地努力学习、努力生活。

尝试就业，重定目标

小明打算不参加高考，在暑假开始打工，但没有技能的他只能在炎热的夏天在闷热的仓库里整理快递包裹，小明体会到了就业的艰辛。再三考虑后，小明决定参加高考，积累知识，学习一技之长，获得选择就业的机会，这样才能拥有稳定的工作收入养活孩子。

社工随即帮助小明进行职业生涯规划，协助小明分析高校招生的专业信息，明确自己的职业方向，制订属于自己的计划与目标。经过高三一年的努力，小明如愿考上了一所高职院校，开始了全新阶段的学习。

肯定自我，破茧成蝶

社工继续为小明提供支持，在高职的小明学习优异、积极上进，在学校里大放异彩。现在的他是一个阳光开朗的大男孩，面对自己"爸爸"的身份，他不再迷茫，而是以更踏实、更自信的步伐走好未来的每一步。

督导点评

增能是个人在与他人及环境的积极互动过程中，获得更大的对生活空间的掌控能力和自信心，以及促进环境资源和机会的运用，以进一步帮助个人获得更多能力的过程。

服务对象的无力感是由于环境的排挤和压迫，也就是负向评价、负面经验、无效行动导致的。虽然他生活的这个环境存在一些障碍，这些障碍也许无法使他发挥自己的能力，但障碍可以改变，他有能力改变这些障碍。同时，社工也鼓励服务对象认识到自己是一个有能力、有价值的人。能力不是稀缺资源，经过与他人的有效互动，他的能力可以不断增强。

认知行为理论认为，在认知、情绪和行为三者中，认知扮演着中介与协调的角色。认知对个人的行为进行解读，这种解读直接影响着个体最终采取的行动。在本文案例中，服务对象对于自己"成为爸爸"的认知及对于周围邻居闲言碎语的认知，导致了他对今后生活的方向感到迷茫，甚至是害怕，所以会采取逃避的方式，如不回村里、不主动关心孩子的情况、不与父母沟通等。社工在介入时，需要通过正确解读外在环境事件的意义，借助法律、政策等知识帮助服务对象改变错误的认知、建立正确的认知，继而让服务对象有效地进行自我调适，达到自我良好改变。

相关政策法规（节选）

《中华人民共和国预防未成年人犯罪法》

第二条：预防未成年人犯罪，立足于教育和保护未成年人相结合，坚持预防为主、提前干预，对未成年人的不良行为和严重不良行为及时进行分级预防、干预和矫治。

第十二条：预防未成年人犯罪，应当结合未成年人不同年龄的生理、心理特点，加强青春期教育、心理关爱、心理矫治和预防犯罪对策的研究。

第十六条：未成年人的父母或者其他监护人对未成年人的预防犯罪教育负有直接责任，应当依法履行监护职责，树立优良家风，培养未成年人良好品行；发现未成年人心理或者行为异常的，应当及时了解情况并进行教育、引导和劝诫，不得拒绝或者怠于履行监护职责。

第二十一条：教育行政部门鼓励和支持学校聘请社会工作者长期或者定期进驻学校，协助开展道德教育、法治教育、生命教育和心理健康教育，参与预防和处理学生欺凌等行为。

第四十五条：未成年人实施刑法规定的行为、因不满法定刑事责任年龄不予刑事处罚的，经专门教育指导委员会评估同意，教育行政部门会同公安机关可以决定对其进行专门矫治教育。

《中华人民共和国未成年人保护法》

第四条规定：保护未成年人，应当坚持最有利于未成年人的原则。处理涉及未成年人事项，应当符合下列要求：

（一）给予未成年人特殊、优先保护；

（二）尊重未成年人人格尊严；

（三）保护未成年人隐私权和个人信息；

（四）适应未成年人身心健康发展的规律和特点；

（五）听取未成年人的意见；

（六）保护与教育相结合。

《关于建立侵害未成年人案件强制报告制度的意见（试行）》

第四条指出，本意见所称在工作中发现未成年人遭受或者疑似遭受不法侵害以及面临不法侵害危险的情况包括：

（一）未成年人的生殖器官或隐私部位遭受或疑似遭受非正常损伤的；

（二）不满十四周岁的女性未成年人遭受或疑似遭受性侵害、怀孕、流产的；

（三）十四周岁以上女性未成年人遭受或疑似遭受性侵害所致怀孕、流产的；

（四）未成年人身体存在多处损伤、严重营养不良、意识不清，存在或疑似存在受到家庭暴力、欺凌、虐待、殴打或者被人麻醉等情形的；

（五）未成年人因自杀、自残、工伤、中毒、被人麻醉、殴打等非正常原因导致伤残、死亡情形的；

（六）未成年人被遗弃或长期处于无人照料状态的；

（七）发现未成年人来源不明、失踪或者被拐卖、收买的；

（八）发现未成年人被组织乞讨的；

（九）其他严重侵害未成年人身心健康的情形或未成年人正在面临不法侵害危险的。

社会工作介入未成年人保护实操路径的思考

第一步：精准发现

　　未成年人基数庞大，如何精准发现有现实困境、有现实需求的未成年人是社会工作介入未成年人保护工作的第一步。首先，可以依托当地民政部门获取辖区内困境未成年人的基础名单，主要包括：孤儿、事实无人抚养儿童、流浪乞讨儿童、重病重残儿童、失学辍学儿童、低保家庭儿童等。获取名单后，社工要及时对名单进行分类整理，为下一步核实名单信息做好准备。其次，为了进一步精准名单，开展多部门协调会必不可少。未成年人保护工作涉及多个部门，民政、教育、司法、妇联、团委等，召开多部门协调会，明确多部门的发现上报机制，可以进一步地扩充服务对象来源。其中，教育部门是主要合作对象，社工可以入校开展教师培训会，协助教师了解未成年人保护工作的重点，明确哪些儿童是可以转介给社工的。再次，以乡镇/街道为单位，召开儿童主任/督导员业务培训会，在培训会中重点要进行困境儿童的名单核对，让儿童督导员反馈他们所了解的儿童情况。最后，开通未成年人自主求助的渠道，通过海报宣传、主题活动等形式让有需要的未成年人能够顺利寻求社工的帮助。

第二步：精准评估

在掌握未成年人基础信息后，社工需及时对未成年人进行评估，评估主要包括风险评估和需求评估。

首先，风险评估主要围绕未成年人的生理、心理、社会三个层面进行评估，评估等级一般分为三个等级，包括高风险、中风险、低风险。生理层面的评估主要包括：儿童的发育情况、健康状况、若残障其康复状况如何、生活自理能力、卫生状况等；心理层面的评估主要包括：儿童的情绪状况、儿童的自我评价、偏差行为程度、是否存在自伤自残等；社会层面的评估主要包括：儿童是否有固定的监护人、监护人的监护能力、监护人照料情况、监护人的教养方式（例如是否有家暴、虐待、冷暴力等情况）、居住安全、同伴交往状况（是否受欺凌）等。社工可以根据以上维度选择相关的评估工具，在提供服务的前期给未成年人进行风险等级的评估。评估结果也将指引后续服务的跟进力度及方向。

其次，需求评估也是社工介入未成年人保护工作的前期重点。社工可根据前期所了解到的服务对象的信息资料，从而界定服务对象当前的需求是什么、形成这个需求的原因及变化过程、曾经为了达成这个需求作出的努力等。社工可以使用身心社灵全人护理模式、优势视角理念等评估服务对象的需求，并将其作为社工服务的切入点。

未成年人常见的需求包括：健康的需要（慢性病管理、重大疾病的危机处理、康复训练等）、自我功能的需要（自尊感、应对情绪、自确能力等）、家庭的需要（适当的父母照顾、家庭危机处理等）、学校与教育类的需要（学习兴趣、应对学习障碍、应对在校压力等）、朋辈关系的需要（交友能力的提升、应对朋辈的欺凌等）、社会规范类需求（处理应对不合法行为、应对不合法社团势力的影响等）、资源链接类需求（低保申请、户籍落实、住房救助等）。

第三步：精准介入

社工在进行未成年人风险评估和需求评估之后，需立即形成需求分析报告，制定服务介入策略，开展精准专业服务。对于在生命生存保障方面存在高风险的未成年人，通过个案工作的方式展开介入，去紧急介入未成年人面临的困境，必要时要及时进行多部门联动服务。对于面临行为偏差、家庭关系冲突等风险的未成年人，除了以个案服务的方式介入之外，应针对共性的问题以小组工作的方法进行介入，推动未成年人的互助成长。同时在辖区内以社区工作的方式全面开展未成年保护相关活动，推动辖区内居民参与未成年人保护的工作，营造守护未成年人健康成长的氛围。

第四步：巩固服务

在未成年人的困境和需求得到解决与满足之后，社工会逐步降低服务的频率，但也会定期进行服务的跟踪与回访。关注未成年人的家庭支持、学校支持等情况，有效预防困境和风险的再次出现。

总结：首先，社会工作介入未成年人保护工作"精准发现"是未成年人保护工作的第一步，社工可以通过基础名单分析、开展基层人员未保培训、畅通自主救助渠道等方式做到"精准发现"。其次，多部门的合作尤为重要。社工需要明确未成年人保护领导小组的单位成员，在政策的支持下，主动寻求各部门的支持，致力于搭建合作的机制。有效的工作方式包括：主动拜访、开展工作协调会、开展专题培训等。最后，专业服务是未成年人保护工作的核心，未成年人保护工作是否有效，取决于是否能切实为困境儿童解决困难，因此社工要有效运用个案管理、小组工作等多种方式，进行精准的服务介入。

第四章

社区治理案例

从挖掘社区内生动力带动社区居民再就业，到少数民族易地扶贫搬迁社区等案例，乡镇（街道）社工站一步步助力搭建广西壮族自治区以社区党组织为核心、群众自治组织为主体、社会各方广泛参与的新型城乡社区管理机制，努力实现"居民自治，管理有序，服务完善，治安良好，环境优美，文明祥和"的社区建设目标，进一步夯实社会管理基础。

以促进就业为本的农村社会工作实践探索

——社会工作助力就业扶贫项目

凤山县是一个地处广西西北，山高路险、人口分散的落后地区，这里农作物稀少，主要以水稻、玉米等为主，农民人均收入极低。虽然在党政部门的带领下，凤山县于2020年消除了绝对贫困和区域性整体贫困，但农民收入仍旧偏低。社工通过走访农户发现，这里的就业情况令人担忧，而且普遍存在就业意识淡薄、就业信息和就业需求不匹配、村民就业技能缺失等问题，形成了"出不去、干不了、稳不住、过不好"的恶性循环。

社工依据班杜拉的社会学习理论，以树立就业样板、就业典型为抓手，通过整合县民政局、团委、教育局、技能培训学校、企业和就业典型人物等资源，陆续开展了：其一，扶"心志"——开展"理论+实践"课程，推动村民树立正确的就业观，并提供一对一职业规划服务；其二，强"技能"——开展直播带货、茶艺技能、美甲、手工制作等技能培训；其三，对"信息"——开展职业需求调查，并寻找相对应的潜在企业，匹配就业需求和企业需求；其四，搭"平台"——搭建凤山县与深圳等地的就业平台，推动实际就业；其五，推"自助"——

社工在5个乡镇培育就业社保协管员，推动助人自助在当地生根发芽；其六，扩"宣传"——通过线上线下多媒体、新媒体渠道，宣传就业创业、先锋典范人物等，扩大宣传力度，形成了"龙凤就业+一中心、三平台、八功能"的就业扶贫增能体系。

项目运营1年多以来，社工累计组织开展培训近40场，举办专项招聘会近70场，树立就业典范8人，实现478人本地就业，2665人转移就业，形成了社会工作介入巩固脱贫攻坚成果，助力乡村振兴工作新模式，实现了"走得出、稳得住、能致富"的就业局面。

经过不断探索和学习，"龙凤就业+"已慢慢把服务聚焦到"陪读妈妈""搬迁家庭"这样的群体，深度链接龙华和凤山资源，联合西部志愿者，开展易地扶贫搬迁小区驻点服务，通过远程面试与就近推荐就业等方式，实现就业转移。

2019年以来，组织"春风行动""各乡镇巡回招聘"等，由职介专员链接40家企业参加，提供超过5000个就业岗位。引导富士康、泰衡诺等区内重点企业到当地举行专场招聘会，进行劳务对接。同时，引进36家龙华区劳动密集型企业落地凤山，累计提供岗位超过2500个，努力实现"培训1人、就业1人、脱贫1户"的目标。

覃女士就是项目的受益人之一，41岁，初中学历，离异后再婚，再婚后育有一女与自己共同生活，丈夫外出务工。覃女士2017年创业失败后，在家做家庭主妇多年，其间一直在努力寻找工作机会，但因县城工作岗位少、竞争压力大，加上需要在工作之余照顾好年幼的女儿，使得覃女士屡次求职失败，缺乏就业信心，并产生较大焦虑情绪。

2022年9月，"龙凤就业+"项目社工得知覃女士的情况，主动上门提供服务，协助覃女士挖掘就业优势，缓解焦虑情绪，并提供就业信息，协助覃女士求职就业。针对覃女士的情况，首先，社工采用优势视角协助覃女士挖掘就业优势。在多次面谈中，社工发现覃女士个性开朗、能说会道，特别是参加过家政培训，拥有一手好厨艺，南北方菜系都能按要求做出美味可口的佳肴。

其次，社工结合凤山县用工需求和覃女士的个人优势，协助覃女士分析求职优势和可能性，并为其推荐了一份厨师岗位的工作。

最后，社工建议覃女士沟通亲属，获得亲属支持，解决好女儿上学的接送问题，以便解决求职的后顾之忧。

在社工的鼓励和支持下，覃女士沟通亲属，协商好女儿的上学接送问题，覃女士的家人也非常支持覃女士前往求职。覃女士主动联系、前往应聘了社工推荐的厨师岗位并通过了面试。经过一天的试工，面试人员对覃女士的表现非常满意，并聘用了覃女士，覃女士成功实现了就业。

自2022年10月8日入职至今，覃女士一直在岗位上勤勤恳恳、兢兢业业地工作，获得每月6000元的收入。社工通过回访得知，覃女士很热爱这份工作，表示今后会考取厨师证，在这个行业继续学习。

督导点评

根据班杜拉的社会学习理论，人的行为可以通过观察学习过程获得。但是获得什么样的行为以及行为的表现如何，则有赖于榜样的作用。榜样具有的魅力、拥有的奖赏、榜样行为的复杂程度、榜样行为的结果和榜样与观察者的人际关系，都将影响观察者的行为表现。社会工作者通过挖掘、培养、宣传就业典型人物事迹，邀请就业创业典型分享就业创业的故事，能够帮助服务对象获得就业创业的知识与技能，改变个人错误的就业理念，提升个人就业创业的意识。

相关政策法规（节选）

广西壮族自治区人民政府办公厅印发《关于进一步促进充分就业增强市场活力若干措施的通知》（桂政办发〔2023〕10号）中的十二条举措中明确提出：

落实粤桂、桂深劳务协作协议，深化区内劳务协作，开展防止返贫就业攻坚行动，加强对农村劳动力岗位推送、劳务输出等服务保障，稳定农村劳动力特别是脱贫人口务工规模。扩大以工代赈投资规模，在平陆运河等重点工程领域配套设施建设中实施一批以工代赈中央预算内投资项目，劳务报酬应占中央资金比例30%以上，促进当地群众就近就业增收。对吸纳脱贫人口（含防止返贫监测对象）就业的企业或社会组织，按规定给予劳动就业补贴、社会保险补贴。加强乡村振兴重点帮扶县、大型易地搬迁安置区就业帮扶，支持运营好就业帮扶车间，统筹开发乡村公益性岗位，确保有劳动能力且有就业意愿的易地搬迁户实现一户至少一人就业。

发挥职业学校培养技术技能人才基础性作用，提升职业学校关键办学能力，紧贴市场和就业形势，动态调整优化专业设置，拓宽学生成长成才通道，培养更多高素质技术技能人才。深入实施"技能广西行动"，充分发挥企业培训主体作用，大力开展企业职工培训，在制造业企业全面推行中国特色企业新型学徒制；实施青年专项技能培训计划、退役军人培训计划、康养职业技能培训计划、残疾人职业技能提升计划、技工院校技能帮扶行动等，加强妇女、农村转移就业劳动者、失业人员等群体职业培训，适时研究提高补贴标准。推动落实"八级工"职业技能等级制度，开展首席技师、特级技师评聘工作，推行社会化职业技能等级认定，贯通高技能人才与专业技术人才职业发展通道……

让扶贫搬迁居民生活如常

——社会工作介入易地扶贫搬迁案例

　　三江侗族自治县位于广西壮族自治区北部，因境内汇聚浔江、榕江、苗江三条江而得名，县境属丘陵山区，曾是国家级贫困县。长期以来，三江侗族自治县人民一直生活在土地匮乏、资源有限的大山里，交通不便、农业发展受限等客观因素制约了经济的发展。随着广西全力推进易地扶贫搬迁工作，为了实现山区人民精准脱贫的目标，三江侗族自治县启动了易地扶贫搬迁社区的建设工作。自从2018年5月开放入住以来，三江侗族自治县古宜镇南站社区已陆续入住2000人左右，后期还会陆续有贫困家庭入住新社区。

　　目前，南站社区已完成主体住房的建设，但还有近50%的基础建设（包括下水道、绿地、电力等）以及相关配套设施（如学校、医院、市场等）处于建设中，社区的服务和管理职能机构没有完全建立起来，政府派驻的各建设部门与管理服务部门水平参差不齐，社区居民及社区管理的秩序还没有进入正轨。由于入住的居民全部为农村建档立卡贫困户，或是农村低保户等不同少数民族的贫困群众，文化水平不高的社区新入住居民与相关部门的沟通能力较弱，导致社区居民的政策咨询、子女入学、劳动就业等需求得不到及时、有效的回应，入住居民满意度不高，甚至怨言四起。这给社区的有序管理带来了严重挑战。在广西壮族自治区民政厅、柳州市三江侗族自治县民政局的大力支持下，柳州市龙和社会工作服务中心（以下简称"龙和中心"）自2018年10月在柳州市三江侗族自治县易地扶贫搬迁南站片区安置点启动开展"三区"计划——三江侗族自治县易地扶贫搬迁社区治理社工服务项目。社会工作在易地扶贫搬迁社区治理中的介入路径和策略探索就此启动。

启动：先让社区指挥系统建成和运作起来

社区基本组织架构没有形成，只是临时各设了一名社区党支部书记与副书记。社区居委会也没有成立，社区工作人员空缺。"新建的社区就像失去了大脑一样没有指挥系统。"这是龙和中心进驻南站社区开展服务初期面临的窘境。

没有指挥系统的社区显得无序与混乱，社区居民反映的问题得不到及时回应。因此，社会工作介入的首要工作就是协助政府让该社区尽快选举产生居委会班子成员，让这个指挥系统建设和运作起来。2018年11月30日，南站社区召开了第一次居民委员会选举大会，选举产生了第一届居民委员会班子成员。在社工的倡导和支持下，居民踊跃参选楼栋长。居委会班子成员和楼栋长还建立了"南站社区楼栋长交流群"。一位居民高兴地说："我们的困难反映上去，马上就能解决了。"

循序渐进：开展新居民适应性服务

乡土社会有安土重迁的传统观念。部分居民领了钥匙不愿意入住，部分居民领取了临时生活补贴后，还是会回到老家耕种。社工以新入住的妇女儿童为切入点，投入新居民的生活适应性服务中。依托新建的社区妇女儿童之家，社工有序引导社区的妇女与儿童到社工站参与小组活动。通过开展"430"课堂，农村搬迁来的儿童及其家长感受到城市社区的不同，并逐渐在社工服务中了解社区和适应社区，而社工也从中了解到社区居民更深层次的问题与需求。社工还在服务中培养了社区居民领袖，并开展了一些志愿服务工作，为后期的志愿服务常态化打下良好基础。截至2019年1月30日，妇女儿童之家累计来访和参与服务已有500余人次。

安全教育也是适应性服务的重要板块。南站社区开放入住之初，很多设备设施并不完善，建筑工地还有遗留工程。社工观察到众多安全隐患，例如杂乱无序的施工场地、南来北往的车辆行人、胡乱堆积的垃圾杂物、农村搬迁来的新居民完全不了解交通规则……社工为居民们量身打造了一系列适应性的安全教育活动。如联合泗联小学、三江侗族自治县南站社区党群服务中心开展主题为"走进社区，安全'童'行"的教育活动；引导孩子们自己去发现社区的安全隐患，并共同探讨应对的方法。另外，通过开展"交通安全伴我行""消防安全进社区""社区安全地图"等系列活动，一次次逐步升级了社区安全教育活动。

南站社区进驻了政府各职能部门及水电、物业、施工等公司，但社区里的居民全部是"农转非"的农村低保户或贫困户，对社区公共服务不甚了解，再加上入驻的各职能部门的工作都还在适应期与磨合期，使得社区居民在遇到问题与困难时不知道找谁或被"踢皮球"。针对这些问题，社工主动与各职能部门对接，了解各职能部门的相关工作内容与所涉及的政策法规，在社区居民与社区各业态主体间搭建一个沟通的桥梁与解决问题的有效途径。如今，社区居民可以在第一时间精准地找到问题所涉及的相关职能部门，这些便民服务和政策咨询，让社区居民在易地扶贫搬迁社区住得安全、住得开心；也让社区的资源得到充分利用并发挥有效作用，真正实现社区资源为民所用，为民解忧，减少社区居民的抵触与不良情绪，促进社区融合发展。

社工还通过协助社区中老年人对城市交通规则与行为规范进行学习，了解所在社区及周边的资源分布等，协助他们对社区的认同与归属，并逐步适应社区的生活。通过"社区未来我来'绘'"等活动协助社区居民了解新社区的模样，发现社区的美，增进居民对新社区的适应性，提升居民社区活动参与度。

培养人才：让居民自治成为社区灵魂

社区治理要进入可持续发展，重在发挥社区居民的自主能动性。社工积极推动居民议事会，倡导居民自主地参与社区民主决策，协商讨论社区的相关公共事务议题并形成决议，解决问题，从而达到社区问题由社区居民自己解决的目的。例如，在社区开展的元旦活动中，社工没有包办社区活动的所有环节，而是有效地发挥各主体的主观能动性，引导社区"两委"及社区居民参与整个活动的策划与组织实施过程。虽然在策划的过程中也发现了不少的问题，毕竟是"农转非"的新居民，他们对这些城里的新鲜活动还是比较陌生的。社工注重发挥各主体间的优势，引导热心的社区居民承担更多事务，并给予他们充分的赋能，使社区居民在参与策划与服务的过程中信心倍增，也有效地促进了社区居民下次主动参与社区活动的积极性。另外，还通过社区宣传引导提升社区居民对社区的认同感：自己从今天开始就是社区的一分子，自己也要发挥一分子的作用，努力为创建美好社区尽自己的一份力。让社区居民有更多的归属感与幸福感。

项目启动之初，龙和中心就确立了培育与发展本地社会工作专业人才的使命。社工优先招聘当地本土社区服务人才到社区工作，通过培训和督导，引导本土的社区服务人员掌握社会工作的基本理念与基本方法，不定期地参与行业内各种提升班的培训与学习。机构督导也会每月根据工作需求不定期地对本土培养的人才进行业务知识与业务技巧的培训学习。社工通过"传帮带"的方式，带领社区服务人员直接参与社区的家访工作与服务，以实战的方式进行社会工作实务的培养与学习，让社区服务人员更直接地掌握社会工作的基本方法。社工有意识地对本土社区服务人员进行赋权，充分激发他们的潜能与自信心，在实践中学习实务技能。目前，已有两名培养对象能够基本了解和掌握社会工作理念及基本工作步骤，能够独立完成工作坊及社区活动等基本的社会工作服务内容，能够积极主动协助新社区开展和参与社区工作。此举措促进了本土社区服务人才的成长。

督导点评

社区治理是指基层社会在党和政府的领导和支持下，通过调整、强化社区自治组织和其他社区组织，依靠社区力量，利用社区资源，整合社区功能，发展社区事业，解决社区问题，促进社区政治、经济、文化、环境协调和健康发展，不断提高社区成员生活水平和生活质量的过程。

"人本主义"理论思想主要来源于人本主义哲学，它的核心观点区别于心理学生理角度分析人的发展，强调人具有理性，具有权利和能力去实现自我目标。人本主义心理学代表人物卡尔·罗杰斯，强调人的尊严、价值、创造力和自我实现，把人的本性的自我实现归结为潜能的发挥，而潜能是一种类似本能的性质。"人本主义"在我国的运用主要聚焦于心理学、社会学及社会工作领域。

"人本主义"理论对于社区治理现代化启示有四点：一是社区治理现代化建设出发点和目标即为满足居民对美好生活的向往，那么在社区治理现代化建设中更应关注对"人"在社区治理现代化核心主体能动性的研究；二是在社区治理现代化建设中应该关注人的尊严、价值、创造力和自我实现的能力对社区建设影响；三是如何发挥人的尊严、价值、创造力和自我实现的能力，促进社区治理现代化建设；四是在社区中居民很容易形成不同的群体，在社区治理过程中需要重视群体特征，发挥群体价值参与社区治理。

相关政策法规（节选）

广西壮族自治区党委办公厅、政府办公厅印发的《关于进一步做好大规模移民搬迁基层组织重构优化等后续管理工作的实施意见》指出：要全面贯彻落实党中央、国务院关于做好易地扶贫搬迁后续管理工作的部署要求，稳妥有序因地制宜健全大规模移民搬迁后社会治理体制机制，完善基层组织设置和功能，提升社会治理现代化水平。……要理顺规范移民搬迁基层组织体系。加强安置社区党组织建设，加强安置社区干部队伍建设，加快搬迁群众集体经济组织成员身份界定。大力培育发展老年协会、巾帼协会、志愿者协会、红白理事会、文体协会等服务性、公益性、互助性社区社会组织。各地要根据安置社区居住情况，积极推动成立业主委员会。

"五社联动"机制下的多元共治

——打造社区共同体服务案例

社会治理是一项复杂的工程，而社区是推动社会治理的重要突破口。2021年良庆区大沙田街道通过委托服务的方式，引进社工机构在辖区开展以促进实现社区治理现代化为目标的专业社会工作服务。本项目实施地为大沙田街道辖区的前进社区、金象社区、阳光社区、五项岭北社区、银沙社区。五个社区的所在小区构成较复杂，各自呈现的特点明显。小区物业和业主委员会权力构成可以分为三种类型：物业责权一体存在形式，业主委员会监督物业授权形式，业主委员会与物业协作形式。"城中村"普遍存在，有自己的经济产权，相对规划性低。单位小区模式，居民身份相似性强，一般小区由业主委员会直接管理。项目设计主要以"发展性社会工作"的理论为指导，运用社会工作专业技术，组织孵化参与社区治理路径，培养社区内驱力，丰富治理主体，提升居民的参与度，促进实现"共建共治共享"的治理格局，促成"四治"融合。

通过"3联"，让社区治理"富"起来

党建引领，运用"五社联动"的模式，以为社区及居民办实事为宗旨，项目执行期间社工注重充分发挥党员的带头作用，在居委会大力支持下，联动培育的社区组织和链接的社会资源，聚焦社区需求，通过"3联"：党组织联建、五社联系、"五社联动"，增强同治力、增加同治主体、增强同治行动。

在项目执行期间，社工运用党组织联建服务的形式，通过多元沟通机制，以沟通"常态化"与"即时性"并行原则，提升了彼此的了解，慢慢建立信任感，明确双方期待，不断设立共识目标，增加了统治力。联建通过两种形式达成。一是对项目目标及内容反复沟通。行动主体属于不同的专业领域，由于"文化壁垒"原因，会导致治理主体对于项目目标有差异。项目启动之初，机构党组织代表和社工一起到每个社区，与社区"两委"代表对项目目标达成共识，项目执行过程中不停地通过"两线"形式反复沟通，随后在街道层面召开了1次项目沟通会，在多形式、常态化沟通下进一步增加了彼此了解、信任与支持。二是通过党建活动形式，在工作中增加理解。社工开展的每一次社区活动，都会邀请社区"两委"成员及辖区党员参与，也会邀请社会上其他单位党支部参与，在同行过程中，观察不同领域的行为特色，增加对彼此的理解。活动期间通过党建联建的形式开展活动8次。

项目进入社区后，社工以项目为平台，运用小组技巧，通过孵化社区组织，链接社区外组织和资源，让社区与社区内组织、社区外资源建立联系。项目执行期间，社工在5个社区内共孵化组织9个，链接社区内外部资源5种，包括多个社会组织和企业党支部，如高校学生、爱尔眼科义诊、吉宣亚美容美发学校义剪、壹壹一中医诊所义诊。通过项目运营，让不同主体间产生了联系，初步实现了"社区+社工+社区组织+社会组织+社会资源"的联系。

项目开展期间积极推动社区、社会组织、社工、社会资源及社区自治组织发挥联动作用，推动与社区内外的组织共建，互相开放各自的资源，成功搭建社区便民服务平台，有效补充项目服务内容，丰富了社区居民文化生活，丰富了治理场域。例如在新型冠状病毒感染期间，社工积极推动社区、社会组织、社会资源及社区自治组织联动协助项目所在社区做好疫情防控。在社区的领导下，社工、社区志愿者联动，成为"排查员""宣传员"。在2022年2—3月新型冠状病毒感染期间共服务1475人次。

组织化培养社区能人，让社区自治能力"强"起来

社工结合前期调研结果，运用小组工作方法，通过广泛掘能、聚焦增能、充分赋能、鼓励展能等路径，提升社区参与能力。项目运行期间共开展了9个能力提升小组，提升了议事技巧，提高了社区问题调研、活动策划、带领能力。通过"四能"（掘能、增能、赋能、展能）解决"四无"（无意识、无能力、无权利、无平台）问题，具体阶段如下：项目开展初期，掘能，社工通过查阅资料、居委访谈、居民访谈和社区漫步的方式调研，共收集185人的访谈结果，了解到社区能人资源。同时开展14场社区类活动，在活动中引导居民为社区建设提建议，引导居民提高社区意识，发掘不同的社区能人，为组建社区居民自组织奠定良好的基础，同时也让参与活动的人有意识地关注社区建设。同时还通过社区教育、社区志愿服务倡导等方式扩大居民的社区共同感。增能，运用小组活动及活动前的培训等方式提升社区居民参与社

区治理行动的意识和技巧、社工前后开展议事技巧，社区问题调研、活动策划等能力提升培训共35节，共有68名社区能人参加，受益326人次，其中68人学会反映技巧、鼓励与支持技巧、议事技巧等。提升了社区能人的社区问题调研能力、活动策划能力和活动带领能力，同时让小组成员形成了团队意识。另外在议事过程中，社区能人也表示社区内事务较多，若能有人带头议事来解决就好了。项目中期，赋能，一是岗位开发，主要有以下类型：通过活动设计、活动分工、物资管理为居民个人赋能，成为自组织在社区行动的主要带领者。二是组织目标设定，根据不同社区的需求和自组织的特点，社工带领自组织成员讨论活动计划并做好人员分工，为组织赋能，成为活动的设计者，提升获得感；同时居民在赋能后能够获得权力感，有主人翁意识。展能，搭建社区议事平台，通过社区服务，为居民创造参与的机会，且在服务过程中引导更多社区多元治理主体的加入，参与社区治理。在每个社区都有展能的平台，即共同解决的社区问题。聚焦了5个社区发展需求，解决了8个具体问题。

提升社区居民参与度，让社区自治程度"高"起来

在专业价值理念下，项目努力提升居民的参与度，具体如下：一是充分尊重居民主体地位。激活居民参与服务内容符合且聚焦社区居民需求，吸引有需求的居民参与。在服务过程中把传统的以利益为吸引点吸引居民参加社区服务的方式，转换成尊重居民的选择、开发不同类型的服务岗位和组建自治组织参与社区服务的形式，真正提升居民的参与意识和参与能力。二是激发社区治理的热情。服务开展初期，社工以主导者角色带领居民讨论社区需求，及时对居民的意见和建议

进行整合，最后通过表决的方式确定优先解决的事情，强化社区认同，推动居民形成参与社区治理的意识。三是提供社区治理平台。以社区"发展为本"，组建了能力提升小组，让社区中愿意参与社区治理服务的居民，有机会有能力参与社区服务。四是畅通居民参与社区治理的渠道。服务中期社工以陪伴者的角色为社区自组织提供支持和资源链接；利用好现有治理成果继续动员居民参与，鼓励组织从易到难地解决社区问题，且拓展组织服务内容，遵循"发现问题—议事协商—共同行动"的原则，让组织有人在，有事可做。社区居民参与层级从被告知转变为主动行动。

督导点评

地区发展模式认为，只要社区内的多数人广泛地参与决策和社区活动，就能实现社区的变迁。该案例中，一是在"五社联动"行动框架下行动，势必吸纳更多志愿者以及多方主体参与社区治理，提供社会服务，使得各方主体在参与合作中更多地沟通、更多地彼此理解。二是培育社区能人，发展社区社会组织。在居民层面：赋能居民，使得居民有成长感，同时创造熟人社区，强化居民间的活动联结并建立情感纽带；在社区层面：丰富社区生活，搞活社区，增强社区发展活力。三是通过机制设计促进设想落地。赋能社区居民与社区治理目标相结合，设计"时间银行""社区公益积分兑换"等志愿服务项目，以及"居民代表议事会"机制等，更广泛地发动居民参与社区治理，提升其参与社区自治的能力，把"三社联动"模式下作为服务对象的居民转变为在"五社联动"框架下推动社区建设的重要力量，真正做到依靠居民发现社区问题、发掘社区需求、解决社区难题、提升社区治理。

相关政策法规（节选）

《中共中央　国务院关于加强和完善城乡社区治理的意见》中提出：

注重发挥基层群众性自治组织基础作用。进一步加强基层群众性自治组织规范化建设，合理确定其管辖范围和规模。促进基层群众自治与网格化服务管理有效衔接。加快工矿企业所在地、国有农（林）场、城市新建住宅区、流动人口聚居地的社区居民委员会组建工作。完善城乡社区民主选举制度，进一步规范民主选举程序，通过依法选举稳步提高城市社区居民委员会成员中本社区居民比例，切实保障外出务工农民民主选举权利。进一步增强基层群众性自治组织开展社区协商、服务社区居民的能力。建立健全居务监督委员会，推进居务公开和民主管理。充分发挥自治章程、村规民约、居民公约在城乡社区治理中的积极作用，弘扬公序良俗，促进法治、德治、自治有机融合。

统筹发挥社会力量协同作用。制定完善孵化培育、人才引进、资金支持等扶持政策，落实税费优惠政策，大力发展在城乡社区开展纠纷调解、健康养老、教育培训、公益慈善、防灾减灾、文体娱乐、邻里互助、居民融入及农村生产技术服务等活动的社区社会组织和其他社会组织。推进社区、社会组织、社会工作"三社联动"，完善社区组织发现居民需求、统筹设计服务项目、支持社会组织承接、引导专业社会工作团队参与的工作体系。鼓励和支持建立社区老年协会，搭建老年人参与社区治理的平台。增强农村集体经济组织支持农村社区建设能力。积极引导驻社区机关企事业单位、其他社会力量和市场主体参与社区治理。

"党建引领文明啄木鸟"

——社区志愿者自治服务项目

"阿姨，垃圾不能随便丢地上，要分类投放到对应的垃圾桶。""爷爷，您好！天气是很热，公共场所也不可以赤膊哟。"……在社区，活跃着一支"小小啄木鸟"志愿者队伍，他们利用暑期时间专为辖区美丽环境"挑刺"，替社区文明管理"找碴儿"。

社区开展议事平台"文明啄木鸟"巡访志愿服务活动，呼吁青少年做文明风尚的传播者、文明行为的践行者和文明创建的引领者，用实际行动传播文明新风尚，积极营造良好的文明社区创建氛围。据统计，活动共邀请30名小小志愿者参与。

活动当天，社区工作人员带领"文明啄木鸟"骨干义工，召集社区青少年变身为"小小文明啄木鸟"志愿者。他们头顶烈日，脚踏酷暑，心怀责任，穿梭在社区的各个角落，全力协助社区整治环境卫生，他们手拿垃圾夹、垃圾袋、簸箕、扫把等不同清洁工具，深入社区大街、背街小巷，针对社区环境卫生、公共秩序等进行巡访，清扫路面，捡拾烟头、纸屑、塑料杯、食品袋、一次性餐具等零散垃圾，铲除墙面的广告贴纸，扶起共享单车，将乱停乱放电动车摆放整齐，发现一处及时清理一处。同时，积极"啄"出危害城市文明形象的不文明行为，发现不文明行为便上前进行劝阻，并向路过的居民大力宣传文明城市创建相关知识，收集居民的意见，耐心记录居民关心的问题并将其反馈给社区，形成良性闭环。

穿梭在社区大街小巷的"小小啄木鸟"们通过查找不文明现象，增强了社区居民参与文明城市创建工作的热情。下一步，社区将深入开展文明创建系列活动，动员辖区居民积极参与志愿服务活动，切实为争创文明典范城市助力添彩。

某社区市容市貌问题最为突出，占社区总数比61.01%；其次是环境卫生问题，占社区总数比34.86%。各片区中，东区片区发现问题最多。而社区党员、妇女群体总是能及时发现社区的不足。由党员与社区志愿者，及时发现、反馈与解决一些社区的问题，并参与社区治理，如此能增强社区志愿者队伍的建设和服务，促进社区志愿者实现自我成长，自我发展。这对构建和谐、团结、融合和互助的社区非常重要。在此背景之下，社区面临几个问题，如何吸纳更多志愿者发现及解决社区不文明问题，营造社区共治氛围，创建人文关怀、睦邻友好的社区；如何提升居民对社区的认同感，加强社区居民联系。这些问题成为社区急切希望解决的痛点。

从2021年1月起，项目正式启动。社工从了解居民需求，到通过走访及在7个服务微信群中进行积极宣传，号召社区居民参与，项目从"义起来""义起学""义起助""义起护""义起乐"五个阶段开展工作。如图4-1所示：

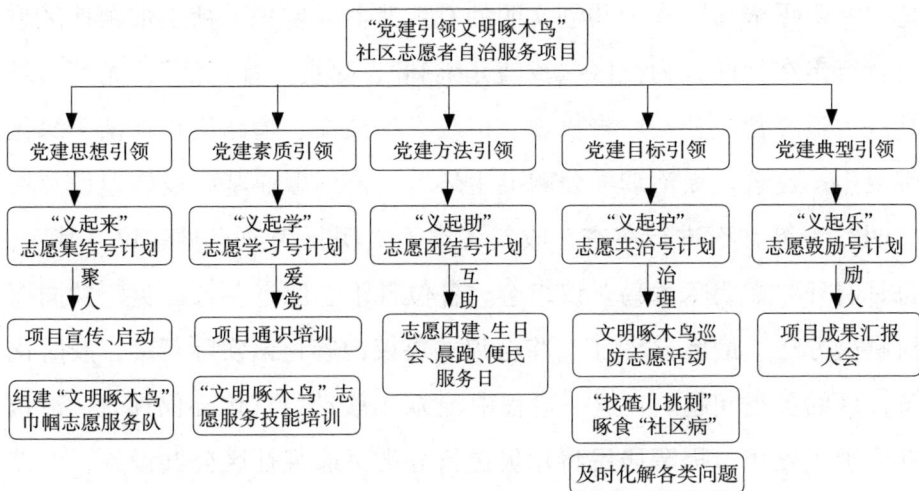

图4-1 宣传五阶段

宣传招募志愿者，培育社区"文明啄木鸟"志愿者队伍

加大志愿服务宣传力度，传播志愿者服务精神。一方面，通过利用社区宣传栏、社区居民群、社区家园网，扩大志愿服务在社区的影响力，组建"文明啄木鸟"志愿服务队。另一方面，通过培训提升志愿者服务能力和服务水平，保证服务的质量。与此同时，通过团建、生日会、晨跑、便民服务日等活动有效调动了志愿者服务社区的积极性，鼓励更多的人参与志愿服务，营造志愿文化氛围、社区互助共融文化氛围，以此来提升社区居民互帮互助的意识，增强居民对社区的归属感，满足社区的需求。

聚力撬动资源，践行"文明啄木鸟"行动

在集结培育"文明啄木鸟"志愿服务队后，以"双工联动"形式，

把"文明啄木鸟"作为共创文明的有效武器。首先，社工带领社区志愿者行走在社区，为社区"找碴儿挑刺"，啄食"社区病"，尤其是对社区占道经营、公益广告投放、市政设施破损、道路清扫保洁、绿化带卫生、建筑垃圾治理、公厕卫生环境、公用事业基础设施建设及不文明行为等方面进行巡查，收集各类不文明行为或意见建议。其次，每月召开"文明啄木鸟"议事会，各位骨干志愿者各抒己见，共同探讨解决方法。最后，"双工"将会议的决议内容付诸实际行动，及时化解社区的各类问题。在这一过程中，"双工联动"宣传环保理念，清扫社区卫生死角，提醒居民将垃圾进行分类；巡视社区公共设施，对破损公共设施进行报备；将乱摆乱堆放的共享单车及时摆放整齐；带领居民、学生一起爱河护河；劝导居民文明出行，做一个文明人；清理辖区的乱贴乱画小广告等，用实际行动提升社区居民爱护社区环境的意识，营造共同治理社区的良好氛围。

获取社区支持和居民参与，共同助力乡村振兴

积极和社区进行沟通，获得社区的支持，针对活动筹备情况、活动进展、活动执行情况及时与社区沟通，向社区反馈工作的成效。通过社区教育、讲座，提升居民参与的积极性；提高居民知识技能，妥善处理时间和资源缺乏的问题。依托由社工带动培育志愿者和社区居民互帮互助"文明啄木鸟"服务队，以此来影响社区居民对社区的责任意识，营造居民共治共建的氛围，推动居民参与社区治理，解决社区环境卫生、社区治安等集体性的共同问题。

督导点评

该案例中，社工使用两种理论（第一个阶段侧重于提升社区社会组织的能力，所用到的理论为赋权理论：三层面赋权，包括行政赋权、专业赋权和环境赋权。增能理论：又称赋权理论，是一种协助个人、家庭、团体和社区获取发展能力的社会工作理论。社会工作者可以从人际关系层面着手，以在开展小组活动过程中强调组员之间的平等，建立起组员与其他小组成员共处和合作的能力为切入点，来开展赋权理论的实践。要想不断促进志愿者的多元能力成长，就必须赋予志愿者各种正面或积极的权力和能力，不断增强他们的服务能力。社工站社工在增能理论的指导下，通过开展志愿者多元能力成长活动，旨在通过巩固认知、学习强化等方式激发志愿者的内部动机，获得更全面的自我评价。第二个阶段是推动社区社会组织参与社区治理，所用到的理论为协同理论：多主体的协同配合），通过三种培育模式（孵化器模式、项目制模式、以党群服务中心为主的本地培育模式），一个技术（促参技术，即促进参与意识、机会和能力）开展社区组织的培育工作。

相关政策法规（节选）

《中共中央 国务院关于加强基层治理体系和治理能力现代化建设的意见》第五条第二点提出：发展公益慈善事业。完善社会力量参与基层治理激励政策，创新社区与社会组织、社会工作者、社区志愿者、社会慈善资源的联动机制，支持建立乡镇（街道）购买社会工作服务机制和设立社区基金会等协作载体，吸纳社会力量参加基层应急救援。完善基层志愿服务制度，大力开展邻里互助服务和互动交流活动，更好满足群众需求。

以需求为本，社工"包裹"服务实践

——社区惠民项目服务

"社区的事关我什么事"

某社区多个居民小区地处城乡交界处，各个小区分散在不同的方向，小区与小区之间距离较远，同时，各个住宅小区距离社区办公处有一段较长的路程，这给居民办事带来了不便。社区居民整体文化水平不高，一部分居民为原附近村民和果农，另一部分居民为老旧城区拆迁新搬来的居民和进城务工的流动人口。综观整个社区居民，居民的整体素质有待提高，居民对社区事务不够关心，对社区活动参与度不高，居民中没有积极分子起带头作用。由于社区工作人员较少，社区工作开展存在难度，因此较少开展社区活动，很多居民表示从未参与过社区活动。

社区社会工作需求呈现如下特点：

第一，老年群体和困难群体基数大，潜在需求多。某社区中老年群体和困难群体的数量约占整体人口数的三分之二，是社区居民的主要组成部分。社区老年群体和困难群体的问题众多，社会支持网络小，自助意识薄弱。在人口老龄化趋势越加严重和全面建成小康社会的历史背景下，关注老年群体和困难群体的生活，挖掘其需求，增强其权能，是社区社会工作的重心和焦点。

第二，辖区内居民活动参与度低，社区居民主人翁意识薄弱。居民中缺乏积极分子主动带头，居民集体观念淡薄，居民社区归属感不强。社区现有社会组织志愿服务人数较少、输出能力弱。为此，吸纳、培育以社区党员、积极分子和居民为主体的社区志愿团队，有利于开展志愿服务系列活动。一方面提升党员和居民的社区参与感；另一方面有利于增强社区志愿服务氛围，推动社区的睦邻建设。

第三，社区工作人员较少，社区工作量大，社区工作人员压力重。因此，出现社区活动开展数量不足的现象。为提高社区工作效能，社会工作者联合社区工作人员一起开展社区活动，同时社工与社区工作人员一起引导、组织社区志愿者参与社区活动。在开展活动过程中，社区工作人员的工作能力得到提升，为后期社区工作人员独立带领志愿者参与社区工作打下基础。

以需求为本，采用"社工＋社区＋志愿者"联动与社工"包裹"的服务模式，拓展和细化社区服务，不断满足社区居民的实际需求

社会工作者依据调研结果，经与社区协商之后，把社区居民需求以社工"包裹"的活动模式，在社区开展志愿服务、节假日游园、亲子活动、生日会、知识讲座、手工培训、上门送福等活动，以满足社区居民的精神文化生活。通过服务活动的开展，丰富了居民的活动内容，扩宽居民的交友平台，促进了居民与社区之间的沟通，从而满足

居民日益增长的文化活动服务需求，提升了社区居民的幸福感。同时，社工开展的服务活动也吸引了许多有意向加入志愿者队伍的社区党员、积极分子和居民参与，并且成功地邀请他们加入志愿者团队，所以项目开展过程中初步建立了一支志愿服务团队。社工邀请志愿者加入社区服务活动，由社工带领志愿者，采用"社工＋社区＋志愿者"联动与社工"包裹"的服务模式，拓展和细化社区服务。同时，通过志愿服务的方式组织社区社会组织参与社区公共事务和公益事业，开展邻里互助、居民融入等社区服务，激发居民的公益意识和社会责任感，将公益作为一种信念和生活方式融入生活中，从而实现社区社会组织的自我肯定，实现居民的自我满足，促进社区的和谐稳定发展。

以社工"包裹"服务模式，上门送福，使入户走访活动常态化，加深爱老护弱氛围，协助社区参与防疫战

社工通过前期的调研了解到，社区老年群体和困难群体基数大，老年人群体，特别是留守、空巢、病残、失能、高龄老人等有着生活照顾、精神慰藉、情绪疏导、关系调适、社会参与等需求。社区高龄老年人和困难人群就有1314人。这一部分长者经济状况差，服务对象本人或者其家庭成员因身体健康等方面的原因，普遍存在生活压力以及精神压力等问题。针对服务对象的实际需求，社工通过组织社区志愿者服务团队开展结对帮扶、入户陪伴服务等，在一年内定期到100余人次的高龄老年人和困难群体的家中进行入户探访，耐心倾听他们的心声和诉求，提供给服务对象必要的陪伴，运用社会工作专业方法给予他们身心上、精神上的双重支持，减轻服务对象孤独感，一定程度上缓解了服务对象生活压力和精神压力。服务的开展深化了社区内爱

老护弱的和谐氛围，传播了积极的正能量。

　　同时，为了更好地关注部分贫困居民的防疫生活状况，宣传正确的防疫知识，社会工作者链接志愿者资源与社区联合开展生日会的疫情入户慰问活动。为社区居民送上生日的祝福和防疫物资，解决部分居民防疫期间的生活需求，走访慰问的对象主要是社区的党员、贫困户、困难户居民，共计慰问183户。疫情期间，社工组织志愿者在辖区内为居民开展体温监测，志愿者参与防疫，排查返邑人员、居民和复工复产企业等防疫工作。社工及招募到的志愿者的加入极大地缓解了社区疫情防控的工作压力。

积极链接社区内外部资源

　　为了更好地服务社区居民，社会工作者发挥强有力的专业优势，积极链接社会资源，为居民提供丰富多样的便民志愿服务。如社工链接了南宁市多家培训学校为居民提供便民义剪活动。为了提高居民的艺术情操、拓宽人际交往平台及增强自身的社会支持性，社工链接了手工皂工作室为居民做手工培训。社工还链接了茶艺工作室，为居民带来富有格调的茶艺展示和茶艺知识培训。此外，在新型冠状病毒感染期间的志愿服务活动中，为了缓解社区紧缺物资的压力和缓解社区工作人员的防疫压力，社工链接到某救援队、某基金会、某早餐公司、某饮料有限公司、"某宝"防疫保险、某人民艺术团志愿者团队等社会团体，为社区捐赠防疫物资并提供赠送早餐券的服务，共同参与疫情防控。同时，也为社区低保户送去爱心物资，影响社会广泛关注困难群体。

　　在项目实施期间，社工共链接了8个社会团体，捐赠的物资折合人民币2500余元。在手工培训活动与志愿服务中居民直接受益人数达208人。社工积极协调沟通，充分动员和发挥社会各方力量，在社区搭建起一个促进和谐、融洽关系的服务平台，开展系列服务活动，满足居民需求，为社区营造浓厚的志愿服务氛围。

培育孵化志愿服务队

社会工作者联合社区，通过惠民资金项目，以社区居民及社区党员、骨干、积极分子为主要服务对象，培育孵化了一支12人的志愿服务队，针对社区志愿者进行了培训，筛选、征集社区领袖，让他们负责社区社会组织的日常管理。同时通过海报招募、活动宣传等方式不断鼓励社区居民积极加入志愿组织，并定期开展相关志愿服务，如对孤寡老人的居家探访、对社区特殊群体的节日慰问等服务。通过志愿服务的方式组织社区社会组织参与社区公共事务和公益事业，开展邻里互助、居民融入等社区服务，激发居民的公益意识和社会责任感，将公益作为一种信念和生活方式融入生活中，从而实现社区社会组织的自我肯定，实现居民的自我满足，促进社区的和谐稳定发展。同时，社区工作人员自始至终都参与学习引导、组织活动，在活动中受到教育与成长，提升了社区工作人员工作、服务的能力。

督导点评

以人的需要为本是本土社会工作模式建立的核心。界定服务对象的需要类型和需要内容，评估他们的需要是社会工作实务开展的基础，满足服务对象的需要是制订社会工作实务方案的目标。以需要为本的社会工作模式必须嵌入中国的社会制度体系中，嵌入中国适度普惠型社会福利制度中，嵌入中国社会政策发展中。

该案例中为切实服务好社区居民，项目以需求为本的社工"包裹"服务模式，把社区工作需要、社区党员、居民的需要嵌入社区活动计划中，通过社工组织、引导、入户的形式开展社区活动，以满足社区党员、困难群体、老年人群和社区居民等的生活需求。社会工作者参与社区服务，正好弥补了社区人员的不足；社工"包裹"服务模式，恰巧弥补了社区居民小区因远离社区办公处所而给居民带来的不便；社工与社区工作人员一起组织、引导社区居民志愿者参与活动，可以锻炼社区工作人员的组织领导能力，提升社区服务效能。

相关政策法规（节选）

《民政部关于大力培育发展社区社会组织的意见》（民发〔2017〕191号）指出，以满足群众需求为导向，以鼓励扶持为重点，以能力提升为基础，提出了培育发展社区社会组织的总体要求和培育措施。引导社区社会组织健康有序发展，充分发挥社区社会组织的积极作用，激发基层活力、引导多方参与、加强矛盾化解，共同助力和谐社区建设。

建设富有人情味的现代熟人社区，推动制度化的社区居民参与、建构"事缘型"的社区支持网络、发掘"在地化"的社区志愿服务、探索网络时代的社区自组织新形式，不仅建设社区利益共同体，更要打造社区"精神共同体"，打造宜居家园。

社会工作介入社区治理实操路径的思考

第一步，建立关系：与社区党委是利益共同体

社会工作者进入社区后，首先应与社区党委建立良好的合作关系，社会工作者应该在"既是社区服务的提供者，又是社会工作专业的坚持者"之间找到平衡，这一平衡点是：社区党委和社会工作者都是社区问题的解决者，而不是因角度和方法不同的矛盾对立的双方。因此，在坚持全面合作的前提下，对于某项工作是不是社会工作者应该做的这一问题，可以在协助社区党委的前提下，动之以情、晓之以理，慢慢渗透、慢慢争取，而不是以完全拒绝的态度与社区党委沟通。

因此这一过程可能是（如图4-2所示）：

宣传 ➡ 交往 ➡ 渗透 ➡ 嵌入 ➡ 融合

图4-2 建立关系的过程

在这一过程中，同样可能出现各种意想不到的挫折和困难，而解决这些困难的最好办法应该是坚持不懈地沟通、面对面地沟通。

第二步，深挖问题：问题导向，深度调研

通过定量和定性的研究，与社区党委、社区居民一道寻找社区存在的问题，以问题为导向，开展更为深入的调查研究。此阶段需要将定量和定性相结合，避免仅从理论的角度、随遇的方式、拍脑袋的过程揣测社区内的服务对象或者社区本身存在的问题。

此阶段，可以使用聚焦小组来深入了解社区问题，通过邀请社区代表性人物，针对社区服务需求展开讨论，通过对话讨论了解社区的实际需求。

使用名义小组，来确定问题的优先解决次序，在所有问题中选取5项你以为是最重要、最优先解决的问题，而且是通过努力可以解决的问题。

还可以通过社区漫步计划，更广泛地了解问题的具体情况，社工通过有目的的社区走动，观察熟悉社区环境，了解社区内居民情况，并通过与社区商铺等进行沟通，了解、收集社区信息和服务需求。

第三步，寻找资源：谁想、谁能解决社区问题

在此阶段，寻找的资源分为两大类：

一类是社区可能使用到的资源，从社区营造的角度——"人、文、地、景、产"五大社区发展方向，也可以理解为整合社区"人、文、地、景、产"五大社区资源，通过资源地图凝聚社区（如表4-1）。

一类主要聚焦在谁想解决问题和谁能解决问题的两个服务群体的挖掘上，充分使用动机晤谈的方式，激发、吸纳相关的人群参与问题的解决。

表4-1　社区使用到的资源

类别	说明
人	社区居民需求的满足、人际关系的经营和生活福祉的创造
文	社区共同历史文化之延续，艺文活动之经营以及终身学习等
地	地理环境的保育与特色发扬，在地性的延续
产	在地产业与经济活动的集体经营，社会企业的创发与行销等
景	"社区公共空间"的营造、生活环境的永续经营、独特景观的创造、居民自治力营造等

第四步，建立组织：初步建立社区议事会

在此阶段，主要内容是将人和资源做好聚集、归拢和统筹。具体路径是：

一是发现议题需求、矛盾；二是成员招募自荐、他荐；三是提供平台制度、阵地；四是合作参与协商、共议；五是赋权居民信任、机会；六是议事表彰鼓励、持续；七是成果展示宣传、动员。

这一时期的重点工作是：注重挖掘和使用社区现有领袖和积极的管理者；所议事项的利益相关方、居民代表和党员骨干、职能部门和专业单位代表均能参与议事会；制定完整和完善的《议事规则》和《议事流程》；定期开会、鼓励发言，言之有决、决之有效。

第五步，协商：商定解决社区问题的内容、计划、责任人

此阶段，主要是使用罗伯特议事规则，开展议事工作，并形成决议，持续推进问题的解决。

1.动议：动议即"行动的建议"，先想怎么做，再决定做不做。

2.附议：只要有一个人附议则该议题就进入议程，从而达到保护少数人声音的目的。

3.陈述议题：先解决当下最紧要的议题，避免"然后"之类的事情。

4.辩论四大铁律：文明表达，禁止人身攻击，质疑动机，扣帽子，贴标签。一时一件，不跑题。限时限次，不超时，禁止一言堂，比如设定每人只能发言n次，每次m分钟。发言完整：不得打断别人的正常发言。面向主持人规则：参与者之间不能直接辩论，只能对主持人发言。

5.表决：为保持与会者发言的自由性，领导最好最后表态。在作表决时，如果议题是针对人的，建议投票时使用无记名方式；如果议题是针对事的，建议举手表决。

6.形成方案：使用甘特表，形成决议及跟进事项，议事会牵头人定期检查执行情况。

第六步，不舍跬步：积小成，得大成，从易到难解决社区问题

该阶段，主要是着眼于落实第四步制订的方案，根据小目标的原则，首先制订和落实小目标，即通过努力能够达到的目标，而不是不用努力就能达到或者努力也不能达到的目标。积累小成就达到大成就。一方面是让居民看到问题能够一步一步得到推进；另一方面逐步建立居民参与议事和解决问题的信心。另一方面，在社工的推动和监督下，确保第四步制订的方案，相应的负责人能够按期推进落实，并定期召开检讨会议，了解各个内容的进展情况，对于逾期未落实的内容予以跟进和支持，避免社区居民口中的"给了建议没对策，有了对策没落实，落实过程变了味"等问题。

第七步，扩大受益：发展社区社会组织，扩大议事会成员

此阶段是在前五步顺利推进的基础上，大力发展社区组织，调动问题解决的自发性、系统性、自治性。

社工可以使用两个理论（第一个阶段侧重于提升社区社会组织的能力，所用到的理论为赋权理论：三层面赋权，包括行政赋权、专业赋权和环境赋权。第二个阶段是推动社区社会组织参与社区治理，所用到的理论为协同理论：多主体的协同配合），通过三种培育模式（孵化器模式、项目制模式、以党群服务中心为主的在地培育模式），一个技术（促参技术，即促进参与意识、机会和能力）开展社区组织的培育工作。

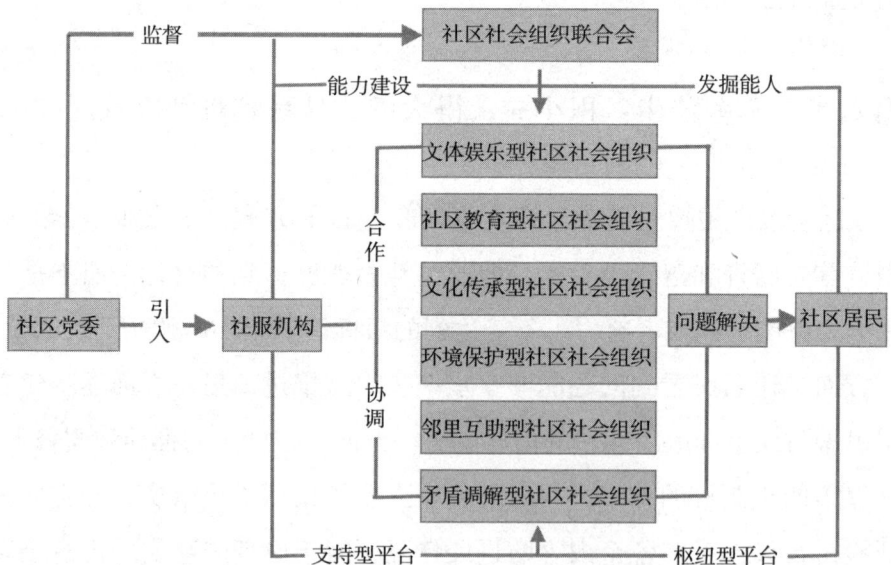

图4-3 社区社会组织解决问题流程图

第八步，总结推广，勤于总结表扬：推动社区组织独立运营

社工的价值观之一是助人自助，这同样可以应用到社区，实现社区自助。因此社会工作者在引导、建立、培育社区组织解决社区自身问题的过程中，应该遵循社工带着干，到社工看着干，再到社区组织自己干的过程，通过赋能、培力的方式增强社区居民、社区组织议事意识，提升解决问题的能力。在此基础上，机构社区治理与发展工作室和区域主任应在社区执行项目的基础上，认真做好总结工作，形成典型案例。

第五章

慈善关爱案例

　　公益慈善是社会工作的重要载体，也是多元主体参与共担的重要渠道。在全域推进公益慈善实践中，广西乡镇（街道）社工站的社工们拓宽发展思维，联动社区、社区社会组织、社区志愿者、社区公益慈善资源，将公益慈善与区域化党建、民生服务和城市管理等领域进行了深度链接和探索。

让生命享受最后一缕阳光

——癌症晚期患者临终关怀个案

45 岁，"癌症还是找上了我"

L因连续低烧三天，胸痛且呼吸困难，到医院就诊，经确诊，45岁的他患有肺部恶性肿瘤，已处于癌症晚期，一道晴天霹雳从天而降，高额的治疗费对作为贫困户的L而言无疑是雪上加霜。

能借的亲戚都借遍了

L患病后，妻子就担起了照顾他和8岁小女儿生活的全部责任。2014年，妻子因摔伤致右膝盖骨裂，至今无法做体力活，之前都是与丈夫一起开三轮车拉货，勉强维持生计。如今，家里生活重担全落在了年仅18岁的大女儿身上。L服用的进口抗癌药，每粒需315元，每天都得吃，医保也报销不了，在L患病治疗的3个月内，全家已经花了10万多元，积蓄全部花光不说，为了治病，妻子把能借钱的亲戚都借遍了，债台高筑，但这些对治疗费而言还是杯水车薪，治疗费就像无底洞，弄得全家人心力交瘁。

"要崩溃了，谁来帮帮我们"

L说："我不能接受，我还这么年轻，凭什么是我得病？太疼了，我不想就这么死了。"

妻子说："现在他脾气特别暴躁，每天都能感受到药物副作用对他的影响，也不愿意听我说话，我都不知道怎么撑下去。"

大女儿说："药费太贵了，我根本赚不到这么多钱，我真的不想爸爸离开。"

陪伴他，我们一起勇敢面对病魔

通过社工介入，了解到L及其家人有3项重点需求，一是L需要获得心理疏导和家庭支持。二是全家需要获得医疗救助。三是L需要临终关怀，其家人需要哀伤辅导。社工也就此提出了个案的总目标：协助服务对象正视、接纳死亡，使服务对象和家人得到心理、精神的支持，改善家庭关系，让他们勇敢地面对病魔带来的身心痛苦，珍惜当下拥有的生活。

"感谢你们，陪我们走过艰难的时刻"

社工服务分五步走，让生命享受最后一缕阳光。

第一步：通过社区工作人员的转介，建立初步关系，并通过关心、尊重、同理心的交流方式，与服务对象及其家庭成员建立信任关系。

第二步：通过链接社会资源，帮服务对象进行筹款和整合社区爱心资源，以及检索相关的民政政策，给予服务对象家庭相应的救助，缓解服务对象家庭经济困难状况。

申请轻松筹。社工与服务对象商议并取得服务对象同意后，协助其妻子发起"点滴筹"项目，告知其转发的方式以及最佳的时间，教服务对象及妻子转发筹款链接，转发时如何配文，告知其每日发圈次数。通过发动亲朋好友共同努力，积极转发消息，筹款项目运作取得了很好的效果，共筹集了1万多元善款，缓解了服务对象治疗经费的紧张情况。在筹集的过程中，社工向服务对象一一展示了爱心人士的捐款以及对他的美好祝福，服务对象很开心，说会乐观看待病情，不要辜负了爱心人士的关爱。

申请临时救助。社工给服务对象申请"轻松筹"，筹集的1万多元的费用用于购买药物。社工结合服务对象家庭当时的实际情况和费用支出，开展社区爱心捐款活动。社工与服务对象居住地的社区居委会、物业一起联动，为服务对象进行爱心捐款捐物，帮助服务对象家庭渡过难关。一共收集到1000元的爱心捐款和牛奶、米、油等生活物资，帮助服务对象度过短期困难。

第三步：倾听服务对象述说，引导服务对象宣泄负面情绪，并为其提供心理慰藉和情感陪伴，缓解因患病而引起的心理压抑情绪，让其积极配合药物治疗，更好地与家人友好相处。前期社工与服务对象沟通中，发现服务对象处于愤怒期，当患者意识到死亡已不可避免，即将离开人世，离开自己所爱的一切时，常常会感到愤怒，这种愤怒常常发泄在周围的人和事物上。因此，社工尽量让服务对象将情绪宣泄出来，让他自由表达自己的情感，不必担心失去周围人的尊重。同时做好家人的工作，给予服务对象更多的耐心、关心和支持，给患者多一分理解与耐心，面对服务对象的脾气，持更多的包容，理解服务对象面对病魔时的痛苦与恐惧。

第四步：发掘服务对象的家人在面对困难时的应对能力与优势，给予家人正面的鼓励，消除其负面情绪。引导服务对象与家人理智、正确地看待"生老病死"是自然规律，协助服务对象梳理生命末期需要处理的问题，通过陪伴关怀支持，助其完成最后的心愿。

第五步：为家属提供心理抚慰和居丧服务，鼓励、支持并帮助丧亲家属顺利度过居丧期，重建生活。

妻子说：谢谢一路以来你们的陪伴与关怀，虽然很难过，但也能振作起来照顾家庭了。

督导点评

社会支持网络对个人应对困境有重要的支持作用，可以在情感上或者行动上给予服务对象一些支持，协助服务对象应对或摆脱困境，帮助服务对象恢复社会功能。在本案例中，社工发掘了可用的正式和非正式资源，整合政府、社会、社区的资源，积极为服务对象建立社会支持网络。

临终关怀理论。指向临终病人（生存时间少于6个月）及其家属，提供医疗、护理、心理疏导、健康教育、生命教育、灵性关怀等服务，以使临终病人的疼痛感得到缓解，使病人在临终时能够安宁、舒适地走完人生的最后旅程。同时为临终病人的家属提供情感支持、居丧照护和哀伤辅导服务，协助家属度过居丧期。

在本案例中，服务对象处于癌症晚期，对于自己生命即将结束，感到极度恐惧，"生命的消逝"是患者和家属都不想面对的。一方面，社工帮助服务对象及家人计划和安排生命中没有完成的事，从容面对死亡，放下恐惧，珍惜当下。另一方面，对服务对象家人做好预防性的心理支持，并在服务对象去世后提供哀伤辅导服务。

相关政策法规解析

《中华人民共和国慈善法》第二十三条规定：慈善组织通过互联网开展公开募捐的，应当在国务院民政部门统一或者指定的慈善信息平台发布募捐信息，并可以同时在其网站发布募捐信息。根据《中华人民共和国慈善法》授权，由公益慈善专家、互联网专家、慈善组织代表、新闻媒体代表、捐赠人代表等组成的评审委员会层层考核，民政部指定首批13家慈善组织互联网募捐信息平台，轻松筹、腾讯公益网络募捐平台、淘宝公益、蚂蚁金服公益平台、新浪微公益、中国慈善信息平台、京东公益等出现在名单内。

轻松筹所有医疗救助项目的发起人均为个人，其目的是给自己或直系亲属治病，且信息只能在朋友圈内传播，属于"个人求助"行为。《中华人民共和国慈善法》禁止的是"不具有公开募捐资格的组织或个人进行慈善募捐"，而轻松筹上的"个人求助"不属于慈善活动，不受慈善法调整。

让最可爱的人不再孤单

——高龄优抚对象帮扶个案

曾经的"橄榄绿"，生活依旧过得清苦

参战老兵Z，64岁，曾参加1979年对越自卫反击战。在部队期间，Z先后获连队嘉奖两次，荣立三等功一次，退役后一直在家务农。

Z远房亲戚少，退役后一直和侄子住，因侄子成家，家中没有多余的房间，Z无奈搬到破旧的老宅（屋内杂乱，四处起灰，房子简陋不堪），搬到老宅后与侄子的联系也越来越少。因家庭贫困，58岁时Z才成家，妻子在次年生下一女。平日里服务对象的生活过得很清苦，夫妻二人均无稳定的工资性收入，仅靠抚恤补助（领取参战补贴880元/月）、农村C类低保（200元/月·人）以及种植两亩山地收入所得维持生计。

人生不幸，压弯英雄的腰

Z与妻子在务农回家途中，骑三轮车在山路掉头时，车子失控，人

与车摔落进20米的深坑，导致服务对象夫妻二人受重伤。Z原本家庭经济就很困难，家中没有积蓄，突如其来的车祸对Z一家来说无疑是雪上加霜。无力支付的治疗费用、身边没有可用的资源，虽然有战友的支援，但治疗费用仍存在缺口。

年纪大了，越来越没用了

Z生活在边远山区，环境相对封闭，加之家庭经济状况一直不好，亲戚间的往来少，有被遗弃感，自尊心非常脆弱。出车祸后Z的无用感明显增强，除了身体受到较大的创伤外，Z时常感到烦闷、焦虑，挥之不去的负面情绪影响了Z的身体健康和精神生活。Z曾荣立三等功，退役后社会地位下降，相对剥夺感增强，加之交往圈狭窄，分享过往经历的需求时常得不到满足，相较于其他战友的生活存在落差感，自我价值感低，情绪低落，孤独自闭。

从"橄榄绿"到"志愿红"，再一次实现了自己的价值

通过社工的介入，社工了解到Z有2个重点需求：一是获得治疗费用。二是社会交往不足，实现自我价值的需求。为此，本案例的服务总目标是：整合资源，帮助服务对象构建一个社会资源网络，缓解其家庭经济压力；通过社工专业服务，缓解服务对象消极情绪，满足其人际交往的需要，提高社会参与，提升自豪感、生活幸福感。

第一步：社工与服务对象面谈，运用倾听、同理心、尊重、关怀等技巧，接纳服务对象的消极情绪，同理服务对象的处境，让服务对象感觉到被理解、被支持，与服务对象建立专业的关系。

第二步：针对服务对象资源不足的问题，社工为服务对象提供适当的支援系统，整合社会资源帮助服务对象解决问题，与退役军人事务局、民政局、医院医务社工站等部门沟通协商，联动各部门共同解决服务对象的问题，同时整合基金会的资源，为服务对象申请更多的资金支持。

申请困难救助。在政策允许范围内，民政部门为服务对象提高住院报销比例；此外，社工主动联系退役军人事务部门，协助服务对象申请困难救助，服务对象获得2000元救助金。在"水滴筹"上为服务对象筹集治疗费用9853元。申请到5000元大病救助金；同时积极整合基金会资源，在中华社会救助基金会大病救助中心申请到1000元的困难救助金，帮助服务对象解了燃眉之急。

第三步：帮助服务对象打破封闭的交际圈。邀请服务对象多参与社区活动，增加与居民、战友之间的互动交流。当兵的经历让服务对象有着浓厚的军人情结，但由于退役返乡后，战友之间的联系有限，而社工通过邀请服务对象积极参与活动，把服务对象和战友们聚在一起，让服务对象扩大人际交往圈，彼此间有共同的语言。在整个过程中，服务对象的社会交往需求得到满足，老战友之间相互交流，为服务对象提供心理支持和精神慰藉，生活的自信心也得到提升。

第四步：通过频繁地参加"老兵讲堂"活动，服务对象由最初的陪讲人员慢慢转变成宣讲团主力军。老兵的每一场红色故事宣讲，都得到广大师生和干部群众的热烈欢迎，服务对象在参与的过程中，充分发挥退役军人"退役不褪色、退伍不退志"的精神。在活动中服务对象获得了情感慰藉，产生了被需要的感觉。

督导点评

任务中心模式理论认为，人们的困扰来自处理问题的能力暂时缺损，任务中心模式不讨论问题的起源和发展，目标是协助服务对象解决其所关心的问题，给予服务对象一个好的问题解决经验，增强服务对象处理未来困难的能力。本案例中，针对服务对象突发车祸，面临高额治疗费用无力支付等资源不足的问题，社工适当地为服务对象提供支援系统：通过整合网络筹款平台、链接基金会资源、发挥部门联动等，为服务对象提供简要有效的服务，帮助服务对象在有限的时间内解决治疗费用存在缺口的问题。

活动理论认为，活动水平高的老年人比活动水平低的老年人更容易感到生活满意并更能适应社会。活动理论主张老年人应该积极参与社会，在社会参与中肯定自我，保持生命的活力，提高生活满意度。本案例中，服务对象曾荣立三等功，退役后社会地位下降，相对剥夺感增强，加之服务对象交往圈狭窄，很难找到倾诉的对象，自我认同降低，情绪低落，孤独自闭，存在社会尊重不足、自我价值感低的情况。社工一方面通过邀请服务对象多参与社区活动，增加与居民、战友之间的互动交流，把服务对象和战友们聚在一起，老战友之间相互交流，为服务对象提供心理支持和精神慰藉，服务对象生活的自信心也得到提升。另一方面，通过"老兵讲堂"这个平台，让服务对象站出来宣讲，服务对象在整个过程中自我认同感得到大幅提升。

相关政策法规解析

广西壮族自治区退役军人事务厅等五部门《关于加强困难退役军

人帮扶援助工作的意见》第四条规定：按照"普惠加优待"的原则，符合条件的困难退役军人、"三属"在充分享受社会救助政策的同时，对因以下五种情形导致生活陷入困境的，根据困难程度和现实表现，可以按规定申请帮扶援助。

（一）退役军人因服役期间致残或因患有严重疾病等原因造成退役后本人就业困难，医疗和康复等必需支出突然增加超出家庭承受能力，导致生活出现严重困难的；

（二）退役军人因服役时间长、市场就业能力弱等原因造成长期失业或突然下岗，导致生活出现严重困难的；

（三）退役军人因旧伤复发、残情病情加重等原因，导致生活出现严重困难的；

（四）退役军人、"三属"等因火灾水灾、交通事故、重大疾病、人身伤害、见义勇为等突发事件，导致生活出现严重困难的；

（五）遭遇其他特殊情况导致生活出现严重困难的。

本案例中，服务对象符合退役军人事务部门困难帮扶援助的申请标准。社工在与服务对象商量之后，协助服务对象在出院后整理好医疗票据、住院证明、申请书等材料，到县镇退役军人服务站申请退役军人困难救助。服务对象本次住院医疗自付费用占比仍然较大，造成家庭生活困难，最终获得2000元的困难救助金，帮助服务对象缓解家庭经济压力。

"巾帼她力量，抗逆我能行"

——留守妇女就业增能小组案例

"工厂倒闭了，我们怎么办"

2020年初，新型冠状病毒感染肆虐，我国沿海地区大量工厂破产倒闭，广西河池市某移民社区妇女外出务工的机会锐减，很多社区妇女在4月才找到合适的工作岗位，1—4月期间无任何经济收入。至2020年5月，某移民社区仍滞留近1000名无法重返工作岗位的妇女，她们承受着前所未有的就业困难与压力。

她们说："干得好好的工厂，说关就关，我们该去哪啊？"

"这个太难了，我们干不了"

为缓解就业压力，移民社区引进方格蔟、服装加工等就业扶贫车间，并为留守妇女提供电工、育婴、美容等职业技能培训，促进留守妇女就业，但实际就业人数仍不足计划扶持人数的一半。过半参加技能培训的妇女，因为照顾老人、孩子的重担，而无法完成培训课程，就算她们能够坚持到培训结业，并获得合格证书，仍无法谋求一份稳定的工作，成功就业率不足10%。

她说："我只读过小学，她教的我听不懂啊。"

她说："培训要花一个半月，我家里躺着的老人和3岁的孩子没人照顾啊。"

她说："这几个月，我都换了三份工了，工地、饭店、卖杂货，他们总是临时要人、工资也低，都不知道我这份工能干多久。"

"姐姐不着急，我们社工来了"

经过对移民社区留守妇女就业问题的调查与需求评估，社工决定运用抗逆力理论开展小组工作，计划通过6次小组聚会，以"就业抗逆力的内控性、问题解决的应对风格、接受和运用社会支持的心理倾向性、乐观性和接纳性"5个维度，帮助留守妇女提高就业抗逆力，挖掘"姐姐们"战胜困境的潜力，转变她们的就业思想、意识和行为，激发其内生动力，增强其谋生能力和生活信心，最终实现留守"姐姐"的逆境适应与人生成长。

80% → 90% → 100%，原来我们也能行

节次	第一节
活动主题	有缘你我来相会
活动时间	2020年9月28日 9：00—9：45
活动地点	某移民社区职工之家
活动目标	小组成员初步互动与认识；订立小组契约，建立良好的小组氛围，增强小组成员的归属感和信任感；初步创建有关"抗逆力"和"就业抗逆力"的信念和文化

具体内容	1. 开场白（5分钟）：社工进行自我介绍，简要介绍小组活动的目的、内容与注意事项等，澄清社工的角色、任务与服务对象对小组期望等 2. 有缘相会游戏——成员自我介绍（10分钟）：在A4纸上画出自己的手掌印，在掌心写上希望别人如何称呼自己，分别在五个手指上写上出生年月、家乡、兴趣爱好、曾经或现在的工作职业、理想。社工引导小组成员将A4纸粘贴在大白纸上，让她们分别寻找与自己相同或相似的五个部分，并用彩笔进行相连，从而找到自己的有缘人 3. 我为花儿添枝叶——小组契约签订（10分钟）：社工提前在白纸上画出树干，将树叶（便利贴）发放给每位服务对象，并让每位小组成员将自己认为需要遵守的规则写在树叶（便利贴）上，最后大家进行集体讨论，将共同认定的契约规则（树叶"便利贴"）粘贴到树干上 4. 我们的掌印：以绘掌印的方式探索抗逆力文化，初步创建有关抗逆力的信念（15分钟）。社工向小组成员解释什么是抗逆力，主要解释抗逆力的5个要点：自我控制、应对问题、乐观心态、相互支持和自我接纳。然后请大家在白纸上画出自己的掌印。列出与抗逆力有关的5个要点，并誊写在掌印的指头上。最后进行分享和讨论（每个人列出的要点是否有相近的地方？你认为什么是就业抗逆力？若把要点进行优先排序，大家会如何编排？你认为未来在经历怎样的职业历程时，才会出现大掌印上的5项要点？）
节次	第二节
活动主题	职在眼前，路我主宰
活动时间	上节活动一周后
活动地点	同上
活动目标	引导小组成员加深对就业抗逆力及其培养计划的理解，充分挖掘大家的就业优势和潜能，增强小组成员应对就业逆境与困难的自控能力，提升就业信心和勇气
具体内容	1. 我和"抗逆力"有个故事（20分钟）：寻找就业抗逆力的内控性元素。社工提前在6寸的卡纸上列出抗逆力的内控性元素，现场组织组员根据自己的实际情况一一进行罗列。如：内控——我能够，如"我能够选择我所喜欢的职业""我能够按照制订计划落实工作安排"。罗列出来的元素越多，越代表自己内控性的就业抗逆力精神越强 2. 贝壳手工相框DIY（35分钟）。社工提前准备贝壳手工相框DIY材料包，并通知服务对象携带1~2寸的照片。现场组织小组成员制作贝壳手工相框，制作结束后，将照片张贴在环节1的7寸卡纸上（预留相片的粘贴位置）。最后，现场邀请组员分享"我"和"抗逆力"的故事
节次	第三节
活动主题	探索不倒翁之谜，应对万变世界
活动时间	上节活动一周后

続表

活动地点	同上
活动目标	充分挖掘组员的就业优势和潜力，让小组成员学会利用自身的条件和优势，掌握提升就业抗逆力的方法或技能
具体内容	1. "我的个人简历"（20分钟）。社工将提前准备好的"个人简历"派发给每一位服务对象，引导组员思考"我的兴趣爱好""我的优势特长""自我评价""他人评价""职业技能"等部分的内容，并在相应栏目上进行填答。邀请组员分享讨论（你的兴趣爱好和优势特长有哪些？它们在就业过程中发挥怎样的作用？你是如何运用它们为就业铺路的？你有哪些积极的"自我评价"和"他人评价"？它们对你的就业过程产生什么影响？如何运用它们抵抗就业逆境？你有哪些"职业技能"？"职业技能"的作用，如何运用"职业技能"应对就业困境？） 2. 动物园（20分钟）：将12种不同动物的图片放在桌子上，请每一位服务对象选择其中一种动物（该动物最能代表自己挑战/战胜就业逆境的形象）。给予每位组员5分钟的时间思考，让每位组员回忆自己在克服就业逆境过程中，令自己印象最深刻的片段。最后邀请组员结合动物图像，逐一进行分享讨论（你选择的动物具备什么样的抗逆元素？你是怎样装备自己，培养抗逆素质的？）
节次	第四节
活动主题	编织互助网络，给自己一个支点
活动时间	上节活动一周后
活动地点	同上
活动目标	学会欣赏他人的优点和长处，激发组员对同伴支持与互助的思考认识，让小组成员学会利用同伴群体（外部资源优势）的互助支持解决就业逆境中的困难和问题
具体内容	1. 我们真的很不错——优点大轰炸（20分钟）。社工在卡纸左边一栏列出优点（与工作职业有关），如勇于挑战、乐观自信、责任感强、善于领导、冷静沉着、胆大心细等，让小组成员依次轮流在卡纸右边一栏填上符合该优点的组员名称（可以填上自己的昵称和姓名，也可以填上其他组员的昵称和姓名，每位小组成员限三次选择机会），最后评选获得票数最多的组员为小组的"最佳人气选手" 2. 赠人玫瑰，手留余香（35分钟）。社工发给组员每人一张解释卡，上面写着各种颜色玫瑰花代表的含义（与工作职业有关）：红色玫瑰花——团结合作；蓝色玫瑰花——认真负责；黄色玫瑰花——乐于助人；粉色玫瑰花——勤劳踏实……社工组织组员制作玫瑰手工香皂（每人限3块），并邀请组员将自己制作的玫瑰手工香皂（其中的1至2块）相互赠送给她们欣赏的组员，并向该组员说出一句欣赏的话，说明欣赏的原因："我欣赏你的……因为你工作……"

节次	第五节
活动主题	保持乐观心态，沐浴心灵春雨
活动时间	上节活动一周后
活动地点	同上
活动目标	减轻组员的就业压力，缓解组员的就业焦虑心理和紧张情绪，让她们树立就业自信和乐观态度，增强她们面对就业困难和挫折的积极性。
具体内容	1. 压力泡泡图（10分钟）。社工发给组员每人一张压力泡泡图（泡泡图内有6个泡泡）。大的泡泡图填大的压力，小的压力填在其他小的泡泡内。引导组员对每一种压力进行归类（如就业环境存在感染风险、工资收入低、就业竞争大、职业地位低、升职困难、公司停业或裁员），最后进行讨论分享（你的就业压力有哪些？哪方面的压力对你影响最大？你是如何缓解自己的就业压力的？）。 2. 我的秘密花园（15分钟）。社工给每位组员派发《秘密花园》减压手绘填色书，让组员自由选择所要填色的图案（如花草、动物和人物等）并组织她们进行色彩填充。最后服务对象分享讨论（你为什么要选择这张图案进行色彩填充？图案代表什么含义？与你的工作职业有何联系？保持乐观心态的秘诀有哪些？）

节次	第六节
活动主题	告别逆境的灰暗过去，迎接崭新的职业未来
活动时间	上节活动一周后
活动地点	同上
活动目标	减缓服务对象对自我认知的消极负面心理，促使服务对象学会欣赏、接纳和认可自我，服务对象以积极乐观的心态分享彼此对职业和未来的期望，促进彼此之间的相互认同与欣赏、相互鼓励与支持
具体内容	1. 花开向阳（25分钟）。社工提前准备6种不同类别的"向阳花"DIY材料包，每种"向阳花"代表不同的含义（与工作职业有关），如太阳花——乐观勇敢，四叶草——幸运，向日葵——信念，珍珠花——努力……社工组织服务对象制作"向阳花"，并让服务对象之间相互赠送自己制作的花束，让服务对象收获其他组员的真诚祝福 2. 心语心愿（15分钟）。社工派发给服务对象每人一张"心语心愿"便利贴，服务对象在便利贴上写出对自己职业和未来的期待，如"我相信……""我希望……"，或写出自己对职业和未来的计划，如"我将要做……""我计划着……"，并签上自己的名字。大家交流讨论，分享自己看到组员彼此期望后的内心想法和感受。最后服务对象将"心语心愿"便利贴放入心愿花瓶中，然后再将纽扣花束插入心愿花瓶之中

督导点评

增能理论在该小组中的运用。小组成员均为留守妇女，文化水平不高，学习理解能力有限。社工从就业抗逆力的内控性、注重问题解决的应对风格、接受和运用社会支持的心理倾向性、乐观性和接纳性等5个维度，帮助就业受疫情影响的某移民社区妇女开发生存和成长的力量源泉，挖掘她们战胜就业困境的能力和潜力，转变她们的就业思想、意识和行为，增强她们的谋生能力和生活信心，最终实现某移民社区妇女的就业抗逆力提升、经济创收和人格独立，推动某移民社区妇女的逆境适应与人生成长。

相关政策法规（节选）

《中华人民共和国妇女权益保障法》第三十九条规定：国家健全全民终身学习体系，为妇女终身学习创造条件。各级人民政府和有关部门应当采取措施，根据城镇和农村妇女的需要，组织妇女接受职业教育和实用技术培训。

"五社联动"聚合力，助力圆梦护童心

——困境儿童"微心愿"社区活动案例

他（她）是一颗孤单而渺小的星

截至2021年9月，广西横州市拥有登记在册的困境儿童1722名，其中残疾儿童有1282名，事实无人抚养儿童有323名，散居孤儿有117名，他们分布于横州市17个乡镇，呈现出数量大、分布广的特点，困境儿童的保护工作任务艰巨、责任重大。

孩子们快看，"彩虹"来了

社工在走访中发现，大部分困境儿童家庭受经济条件和教育观念的制约，80%以上的困境儿童从未在六一儿童节收到过来自父母或其他家人的礼物，孩子一双双渴求关心的眼神，深深刺痛了社工。为此，社工自2020年开始，连续3年组织开展困境儿童"微心愿"圆梦活动，征集到"微心愿"的孩子数量从2020年的100多人，增加到2021年的500多人，再到2022年的上千人，"微心愿"内容涉及体育用品、玩具、文具等方面，实现了全市困境儿童微心愿征集全覆盖。

深入沟通，凝聚共识

为保障活动的有效开展，社工以"五社联动"为行动指引，优先争取横州市民政局儿童福利股对活动开展的支持，并积极与"五社"中的主体要素及资源要素进行沟通，建立合作机制，统一目标、明确职责，促进联合行动系统内多元参与主体的互相耦合及多种行为的协同配合。为提高合作效率，社工组建了工作QQ群，邀请横州市儿童督导员、儿童主任、乡镇社工站等加入组群，以便及时进行工作对接。同时，为提高此次活动的社会公信力，社工依托南宁市慈善总会平台，将困境儿童"微心愿"圆梦活动进行立项，由南宁市慈善总会对募捐的资金及物资进行监督、管理，从而保证募捐的合法性，提高活动的公信力。

广泛征集，精准摸排

为了将有限的资源运用到最有需要的人身上，社工根据横州市困境儿童名单，优先对散居孤儿、事实无人抚养儿童、重病重残儿童进行全覆盖，剩余活动名额则由各乡镇儿童督导员、儿童主任予以推荐。活动对象名单确定后，社工采取"互联网+入户"的形式，组织儿童督导员、儿童主任、乡镇社工站对困境儿童的"微心愿"进行征集，并进行统计、归类和整理，累计征集困境儿童"微心愿"1000个，"微心愿"内容涉及体育用品、玩具、文具等方面，保证横州市困境儿童"微心愿"全覆盖。

规范发布，汇聚力量

鉴于横州市本土社会慈善资源相对不足的情况，为更好地助力困境儿童圆梦，社工在具备公开募捐资质的慈善组织的规范引领下，采用"互联网+慈善"、定向劝募、街头募捐等形式，积极发动政府、企业、社会爱心人士等进行捐赠。主要采取以下三项行动：一是依托彩虹社工公众号平台对"微心愿"认捐活动予以发布，动员各级领导、权威人士、社工、服务对象等在各工作群、朋友群、朋友圈等进行转发，提高活动的影响力，扩大爱心捐赠的来源；二是利用南宁市慈善总会资源，由南宁市慈善总会向与其有关联的爱心企业进行募捐，并以此为榜样，撬动横州市本地慈善资源参与，补齐横州市社会慈善资源不足的短板；三是通过在街头公开开展募捐的形式，吸引社会爱心人士参与，整个募捐行动共持续半个月左右。募捐完成后，社工在横州市平马镇中心学校、平马社区、校椅镇青桐村开展了三场困境儿童"微心愿"捐赠仪式，其余心愿物资在活动当月，由各乡镇儿童督导员、儿童主任、乡镇社工站逐一派送到困境儿童手中，活动全程由南宁市慈善总会予以监督和公示。

活动最终募得"微心愿"物资436组，筹集"微心愿"爱心善款27229.66元，横州市1000名困境儿童的"微心愿"全部得以实现。本次活动中，社工有效地将为困境儿童提供服务的相关股室、社会组织联合起来，建立联动机制，分工合作，开展联合行动，提高了未成年人保护关爱工作体系中各主体要素和资源要素之间的黏性，发展了7家横州市本地爱心企业参与捐赠，进一步开发了横州市本地社会慈善资源。

督导点评

英国学者布莱德肖将人的需求分为四种：规范性需求、比较性需求、感觉性需求、表达性需求。其中，感受性需求主要指一个人在自我陈述时反映出的需要和想要的服务，当一个人感觉到某些需要与期望未能满足，并把它们说出来时，即为感觉性需求；当个人将自己的需要通过行动来表达和展现时，即为表达性需求。该案例中，社工在村里开展困境儿童家庭走访时发现，大部分困境儿童在六一儿童节未收到过来自父母或其他家人的礼物，他们中大部分人曾向社工表达过期望获得礼物的渴求，此为感觉性需求。社工通过实施困境儿童"微心愿"圆梦活动，征集并实现"微心愿"，帮助困境儿童及其监护人用他们的实际行动将需求进行了表达和呈现，此为表达性需求。

社会支持网络。该案例中，为实现困境儿童"微心愿"的圆梦，社工最大限度地整合提供困境儿童关爱服务的政府、社区、社会组织资源，调动并挖掘社会慈善资源，形成困境儿童社会支持网络，共同为困境儿童提供支持和援助，在助力困境儿童圆梦的同时，传递温暖和爱。

相关政策法规解析

案例中涉及的主要帮扶对象为困境儿童，其概念来源于 2016 年 6 月国务院印发的《国务院关于加强困境儿童保障工作的意见》（国发〔2016〕36 号），文中明确提出，困境儿童包括因家庭贫困导致生活、就医、就学等困难的儿童，因自身残疾导致康复、照料、护理和社会融入等困难的儿童，以及因家庭监护缺失或监护不当遭受虐待、遗弃、意外伤害、不法侵害等导致人身安全受到威胁或侵害的儿童。

"五社联动"。完善社会力量参与基层治理激励政策，建立社区与社会组织、社工、社区志愿者、社会慈善资源的联动机制。该案例充分运用了"五社联动"的行动框架，探索了适合本地情况的实践模式。活动在社会慈善资源的筹措阶段，在南宁市慈善总会立项，进而带动南宁市慈善总会项目专员及爱心企业资源进行认捐，在南宁市慈善总会公开募捐资格的信任背书之下，进一步发动横州市爱心企业、社会爱心人士进行捐赠，补齐横州市社会慈善资源不足的短板。社会慈善资源的有力保障，增强了横州市民政部门（儿童福利股）、乡镇（儿童督导员）、村（儿童主任）及相关社会组织、志愿者团队开展"微心愿"圆梦活动的信心，对促进"五社联动"具有重要意义。

"寻美羊角花"

——地区助残公益品牌案例

顽强生命的绽放——"寻美羊角花"

羊角花生活在高寒地区的大山里，生命力顽强，红如鲜血，代表生命和圣洁。"寻美羊角花"公益助残活动由柳州市柳北区民政局锦绣街道社工站发起，柳北区民政局、柳北区锦绣街道办事处、柳州市向阳花社会工作服务中心共同参与。项目旨在动员社会各界人士同锦绣街道社工站一起，共同服务于社区内的残障人士。

"寻美羊角花"公益助残活动旨在通过"公益服务"的概念，让社区居民、组织和政府部门等共同参与社区建设，在服务他人、服务社会的同时，自身得到提高、完善和发展，精神和心灵得到满足。

活动流程

第一阶段：筹备期。该阶段主要进行了需求调查，了解锦绣街道残障群体的需求和意向，并与社区内政府部门、企业协商合作计划，争取最大资源，并形成初步活动计划书。

项目共开展了3次活动。召开"寻美羊角花"公益助残活动策划会，确定服务锦绣街道残障人士的意向。社会工作者协同社区探访社区企业，初商合作意向。通过与社区内政府部门和企业积极沟通之后，活动获得了物力和财力支持，在锦绣街道社工站召开"寻美羊角花"公益助残活动动员会，两位社区残障青年代表作动员宣传。同时，活动的宣传单和活动微信群也正式发布。

第二阶段：工作期。活动确立了"寻美羊角花"公益助残活动的服务宗旨和工作重心。"寻美羊角花"公益助残活动开展了活动启动仪式。会上，锦绣街道社工站与社区残联和关工委，以及平安保险公司达成共识，将以各种形式参与服务湖南社区"阳光之家"的公益活动。之后，"寻美羊角花"公益助残活动以授课的形式开展活动1次，其中，手工制作课1次，团体心理辅导1次。

第三阶段：成熟期。"寻美羊角花"公益助残活动进入成熟期。此阶段，活动的个人、组织或部门由原本的分别参与逐渐演化为共同协作。同时，为了更好地满足服务对象的需求，活动修正了服务计划。"寻美羊角花"公益助残活动在全国助残日这天顺利展开。活动通过康乐游戏的形式宣传助残公益，活动中共发放助残公益活动宣传资料2000份，发放助残慰问品200余份。

第四阶段：活动总结交流会。活动总结会上，锦绣社工站社工总结了活动启动以来的服务成果，并与各方参与者就下一步服务计划达成共识，同时，社工点还欢迎各位参与者继续参加柳北区锦绣街道社工站接下来的各项活动。

督导点评

参照马斯洛的需求层次理论，"寻美羊角花"公益助残活动使社会各界更关注残障人士的生理和安全需求，各方的全情投入也施予了服务对象正常的社交能力并使其得以增强。同为困难群体的社区残障青年在与其他志愿者参与公益活动的过程中，锻炼了自己，增进了沟通，更展现了自我才能，最终获得社区的认同。积极参与本次活动的大学生、白领和离退休老干部志愿者更获得了社区的尊重。

增权是通过提升正向的自我概念及自我认知，增强其自尊、自信权利及能力，及减少环境的限制，使其获得更多政治和社会资源以协助个人提高其对生活的自我决定能力及行动力。增权理论的基本假设是个人可以凭借自己的能力对自己加以改善，整合现有资源，协调问题状况，促使现有环境有所改变。增权的过程，其重心系在个人的自决，强调社工为倡导者的角色。而且通过创建一些以增权为理论基础的自我导向工作模式，的确可以增加成员的自信、自尊及对生活控制的能力。结合增权和参与理论，"寻美羊角花"公益助残活动通过社工的组织、协调和倡导，使社区残障青年、志愿者、离退休老干部和企业能聚合更多的政治和社会资源参与社区事务，实现自我和社区的共同改善。

相关政策法规解析

《中华人民共和国残疾人保障法》第七条规定：全社会应当发扬人道主义精神，理解、尊重、关心、帮助残疾人，支持残疾人事业。机关、团体、企业事业组织和城乡基层组织，应当做好所属范围内的残疾人工作。从事残疾人工作的国家工作人员和其他人员，应当履行光荣职责，努力为残疾人服务。

第四十八条规定：每年五月第三个星期日，为全国助残日。

"寻美羊角花"公益助残活动，正是依据该法，充分联动国家机关、社会团体、企业事业单位和城乡基层群众性自治组织、社会组织和个人为残疾人提供捐助和服务。

《中华人民共和国慈善法》约定，公益慈善活动并不仅仅是简单的"做好事"，工作人员更需要具备相关法律知识储备和法律意识，只有这样，才能在善行公益的路上越走越远。"寻美羊角花"公益助残活动在实施过程中联动了社区商家和企业获取财力和物力支持，需要特别注意的是：慈善法将慈善募捐的主体限于慈善组织，个人、企业不得自行开展慈善募捐。此公益活动承办方须是慈善组织，或与有募捐资质的慈善组织合作承办。募捐行为是基于慈善宗旨。

《中华人民共和国慈善法》第三条规定：本法所称慈善活动，是指自然人、法人和其他组织以捐赠财产或者提供服务等方式，自愿开展的下列公益活动：

（一）扶贫、济困；

（二）扶老、救孤、恤病、助残、优抚；

（三）救助自然灾害、事故灾难和公共卫生事件等突发事件造成的损害；

（四）促进教育、科学、文化、卫生、体育等事业的发展；

（五）防治污染和其他公害，保护和改善生态环境；

（六）符合本法规定的其他公益活动。

社会工作介入慈善服务实操路径的思考

第一步，建立共识：建立"社会工作＋慈善"事业"共同体"概念

历史上，社会工作和慈善事业具有共同的发展渊源，共享扶贫济困、公平正义的价值理念；理论上，在慈善事业从小慈善转型为大慈善后，社会工作成为慈善事业共同体的重要组成部分；实务上，社会工作服务是慈善服务的主要形式，是慈善事业链的重要环节。微观来看，社会工作的价值观有尊重、接纳、保密、个别化；慈善事业的价值观有人格尊严、隐私保护，两者价值观具有高度的相似性和共享性。

总之，建立"社会工作＋慈善"事业"共同体"具有历史合理性、理论证明性和现实可能性。社会工作服务能适应广泛的慈善活动领域。包括扶贫济困、助残匡弱、事故灾害、突发事件、教科文卫、生态环保等众多领域。

共同体的结构可分为两个维度：一是"人"的维度，即慈善或社会工作活动的主体，包括自然人、法人和其他组织。二是"事"的维度，即活动的形式和环节，包括宣传策划、慈善募捐、慈善信托、保值增值、研究倡导、项目实施、慈善服务、信息公开等。结构如图5–1所示。

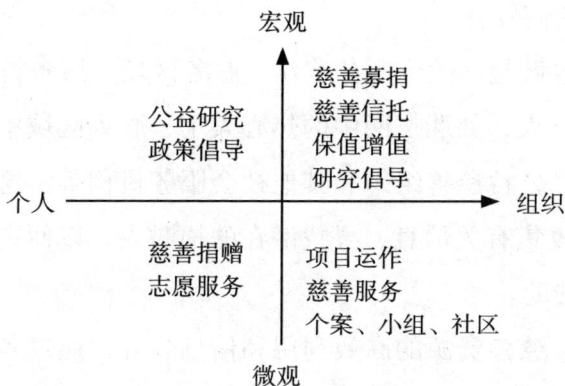

图5-1 共同体的结构

第二步，深挖需求：问题导向，深度调研，评估服务对象需求

此阶段社会工作者要运用会谈、记录、收集资料、策划方案和评估五个方面的技巧，如：引导性的对焦、澄清，支持性的倾听、同理心，观察等方法有效收集服务对象更多的信息，要注意客观地了解服务对象综合情况，评估服务对象解决问题的能力，分析服务对象的社会支持网络，避免仅从理论的角度、先入为主判定及揣测服务对象存在的问题。

此阶段，可以与服务对象、亲友、同事、社区（村委）代表等一同以小组形式讨论服务对象目前所面临的问题和实际需求。考虑与社区内政府部门、企业协商合作的可能性，争取最大资源，并与服务对象一起策划慈善服务方案，方案要做到服务对象范围明确、服务目标清晰且现实、策略合理。

第三步，寻找资源：开发社会慈善资源，解决服务对象的问题

社会工作者要重视动员和链接资源，通过项目推介、典型事例宣传等方式，常态化适当介绍服务面临的困难和资源缺口，向外界有效传递"劝募"的信号。

注意从身边做起，关注服务伙伴、服务区域、服务行业中潜在的慈善资源和捐赠人，如朋友圈中的热心人士、服务区域中的企事业单位、商业机构、公益慈善组织和其他社会服务机构等。这需要社会工作者平时注意收集有关信息，寻找潜在的捐赠人，以便在关键时候不至于盲目寻求帮助。

要做好社会慈善资源的高效利用和信息公开，通过各种方式向捐赠人反馈社会慈善资源的使用情况和效果。这是双方建立信任关系的重要方式，也是促使捐赠人持续捐赠、持续支持服务的重要途径。

第四步，有效使用：通过专业服务高效使用社会慈善资源

获得社会慈善资源后，社会工作者要通过专业的服务、高效的资源运作管理和及时准确的信息公开，让捐赠人的资源得到充分利用，捐赠目的充分实现。

对于有指定去向的社会慈善资源，严格按照捐赠方的意向遴选受赠对象、及时传递慈善资源，并向捐赠方进行及时、准确的反馈。

对于没有指定去向的社会慈善资源，要有意识地将这些资源与专业服务的开展结合起来，而非单纯地、一次性地使用这些资源。

尤其要警惕：其他没有收到捐助的服务对象可能也会要求社工提供相关的资源，而接受捐助的服务对象可能有更高的期待，如果后续这种期待得不到满足，反而会降低其对服务的配合度。

此阶段，可以结合传统节日或服务对象的重要纪念日，使用社会慈善资源适当进行慰问。在服务结束时，要利用社会慈善资源开展一些更有仪式感的活动，对服务对象表达更充分的支持，以更好地处理服务对象的离别情绪和服务依赖感。

第五步，建立机制：初步建立长期合作机制

"五社联动"机制的广泛推行，让社会慈善资源和社会工作者更易在服务中形成合力，更好地解决社会问题。在社会工作者的专业服务成为慈善服务有力抓手这样的大背景下，社会工作者要初步与慈善组织和社会慈善资源建立长期合作机制，深度参与彼此工作，扩大服务合作范畴。

在此阶段，社会工作者可以统筹、策划、组织慈善组织的公开募捐或定向募捐活动，策划、执行、评估慈善项目，参与慈善财产的管理、使用，与捐赠组织或捐赠人及时联络，提供善款使用情况。

慈善组织可以和各服务领域的社会工作者开展慈善项目合作。慈善组织负责慈善资源的提供和项目评估，基层各领域的社会工作者负责需求对接和服务执行，促进慈善项目的精准落地和慈善资金的高效使用，形成慈善资源和社会工作互助共享共赢的局面。

第六步，总结创新：在融合发展中创造未来

社会工作和慈善事业融合发展是大势所趋，创新成为社会工作和慈善事业融合发展的切入口。

通过前五步的实践积累，此阶段应加强总结，形成典型案例和系统的工作方法，并不断尝试开展多种形式的创新。

如：在政策创新方面，社工机构和慈善组织可以联合开展政策研究、咨询和倡导，为融合发展的宏观政策提供智力支持，为融合发展中的具体问题提供解决方案。

在组织创新方面，社会工作机构转型为慈善组织或联合成立社会企业，既可以突破业务发展的瓶颈，也可以通过市场化服务获得利润，缓解其资金不足的困难。

在模式创新方面，探索捐赠人或基金会购买社会工作专业服务，尝试以公益创投、慈善信托等方式支持慈善服务，包括社会工作服务。

此阶段，社工机构要注意抓住重点服务领域，要在国家重大战略中拓展服务领域，如在乡村振兴、社会治理、满足"一老一小"服务需求等方面开展创新性服务，形成慈善服务新的服务模式和服务产品，更好地满足社会需求、解决社会问题、实现社会使命和社会价值。

致　谢

感谢黎研桃、郑翠明、周韵、韦雯君、卢艳、李世光、马桥林、蒋何巧、甘巧玲、梁曼玲、葛新静、农周喜、杨森量、梁裕聪、廖婧、黄彩虹、袁文岚、黄菲、周森林、颜丽、何德静、邹炜宇、覃雪平、韦行、潘健荣、雷小华、钟华美、黄秋影、苏雪萍、苏明金、蒋何巧、黄敏、张方英、黄婵彦、韦幼城、罗爱欢、薛翠、刘兰君、黄丽娜、莫翠云、蒙展妮、刘纯、胡晓、骆相成、曾小秀等社工提供的案例。

感谢广西壮族自治区民政厅、桂林市民政局、广西社会工作协会、桂林市星光社会工作服务中心、深圳市东西方社工服务社在本书出版过程中提供的大力支持。